Los secretos detrás del secreto

TERRY GUINDI LOPATA

EDICIONES B
GRUPO ZETA

Barcelona • Bogotá • Buenos Aires • Caracas • Madrid • México D.F. • Montevideo • Quito • Santiago de Chile

1ª edición: abril 2008

D.R. © 2008, Terry Guindi Lopata

D.R. © Ediciones B México, S.A. de C.V. 2007
para el sello Javier Vergara Editor
Bradley 52, Colonia Anzures. 11590, México, D.F.

Foto de portada: Carlos Somonte
Diseño de portada: Joseph Harari Achar

www.edicionesb.com.mx

ISBN: 978-970-710-357-3

A mis nietos, que me recuerdan cada día
que se puede y se debe soñar

Introducción

"Y dígame, ¿usted qué se considera… maestra, maga, escritora, conferencista, adivinadora?" —me pregunta la reportera que me entrevista para su siguiente reportaje en una revista mexicana. Yo me quedo pensativa y, al cabo de unos segundos, le respondo: "Creo que me considero todo eso porque para ser maestra y conferencista necesitas ser maga, la magia es indispensable para compartir con los otros lo que sabes y para convencerlos de, entre otras cosas, hacer a un lado sus creencias limitantes". "Oiga —dice insistente un poco más adelante— usted me comenta que recibe cientos de testimonios acerca de su libro *Por mí, por mi casa y por lo que me espera,* ¿en algún momento, alguna persona le ha preguntado si es verdad todo lo que escribió en ese libro? Porque, según mi apreciación, muchas cosas parecieran… bastante exageradas". Sin perder la calma, le respondo: "En un primer momento pensé que quizá así sucedería. En ese libro, igual que en el primero, abrí mi vida, abrí mi corazón, las puertas de mi alma, las de mi casa, de mi familia. Y creo que eso es lo que me conectó con la gente. Personas de diferentes lugares, de todas las edades, todos los estratos sociales y niveles culturales. Todo lo que ahí relato está documentado con cartas, testimonios, fotografías, videos. Y el lector se da cuenta de cuándo estás mintiendo y cuándo dices la verdad. Porque tienen la sensibilidad de saber si lo que cuentas es real".

Para finalizar, la reportera, curiosa, pregunta: "¿Y aún sigue leyendo el café y adivinando el destino?"

"Lo hago en ocasiones —le digo sonriendo—. Es divertido y soy bastante acertada, tengo muy desarrollada la intuición. Con una taza de café o sin ella, a quienes me consultan siempre termino diciéndoles 'Mira, todo lo que te he dicho es lo que tu ser interno ya sabe, yo sólo capto la energía que tú me envías. Nadie es capaz de adivinar cuál es tu destino ya que existe el libre albedrío y tú puedes tomar una decisión distinta con lo cual cambiará el rumbo de tu vida. Quizá yo puedo sembrar una semilla en tu pensamiento que crecerá si tú lo permites. Así que mejor te invito a preguntarte qué deseas hacer con tu vida y a aprender a atraerlo'. Ésa es la razón por la que dejé de leer el café: me convertí en terapeuta y pasaba horas con un consultante, enseñándole a ejercer la ley de atracción. Y, como el tiempo es muy valioso, decidí compartir ese conocimiento con grupos grandes en vez de hacerlo de manera individual. ¿Sigo considerándome una maga? Sí, porque la magia está en transmitir el cambio y la transformación positiva".

Hoy publico un nuevo libro. Y lo hago con una certeza: todo lo que aquí expongo, tiene como punto de partida mi propia experiencia y el aprendizaje que, a lo largo de quince años, me han proporcionado maestros como Alfonso Ruiz Soto, Deepak Chopra, Miguel Ruiz, Esther y Jerry Hicks, Gregg Bradden, Wayne Dyer, Caroline Myss, Anthony Robbins, Louise Hay y muchos más. De igual manera, puedo asegurar que me he convertido en una especie de esponja capaz de absorber, elaborar y compartir lo que mi familia, mis amigos, mis lectores y mis alumnos, han aportado a mi existencia. Por ello, creo sinceramente que este libro es de gran utilidad para quien siga con atención lo que aquí sugiero. Se trata, en breve, de una sistematización, un compendio, un resumen organizado de todo aquello que me ha sido regalado por la vida y por el Universo para cumplir, uno a uno, mis deseos, mis sueños, mis ilusiones.

¿Cómo surgió la idea de escribir *Los secretos detrás del secreto*?

En agosto de 2006 visité al doctor Georges Pratt en San Diego, California, con el fin de regalarle un ejemplar de *Por mí, por mi casa y por lo que me espera*, traducido al inglés. El doctor Pratt se dedica a la hipnosis clínica y a la sanación emocional. Le platiqué que el día que mi libro entró a la editorial, que es casi como dar a luz, yo tenía las piernas y los pies tan hinchados que no me entraban los zapatos. "La hinchazón en los pies se debe al miedo que provoca dar un paso". "Eso pensé, doctor —le dije—. Por eso la hinchazón desapareció después de hablar diariamente con mi cuerpo repitiendo... estas piernas y estos pies tienen que seguir caminando, suelto el miedo, voy liviana, mi cuerpo se siente mejor sin estar hinchado". Localicé el miedo —que tenía que ver precisamente con que en ese libro me había mostrado tal como soy—, le di un nombre: "miedo a que mis lectores sepan quién soy", reafirmé que ese libro era producto del amor y de la intención de ayudar a otros, y lo solté. Casi inmediatamente la hinchazón bajó.

Me comentó que había salido un documental llamado *El secreto*, en el que se hablaba de la ley de atracción. "Es precisamente lo que tú has aprendido a practicar y que enseñas en tus cursos, Terry". Inmediatamente lo vi no una sino diez veces. Compré veinte copias y las regalé a mis familiares. Luego compré otras cincuenta y las regalé a mis amigos. Ellos, a su vez, prestaron el documental a sus amistades y, en menos de un mes, una red de cientos de personas estábamos en la misma sintonía. El doctor Pratt tenía razón al afirmar "Esta película será el comienzo del crecimiento de conciencia de muchas personas en América, Europa y todo el mundo; los conocimientos están ahí, al alcance de todos, la información es universal, está en el aire para aquellos que deseen tomarla".

Durante varios años estudié con algunos de los maestros que participan en el libro *El secreto.* Desde entonces he tenido claro que la palabra *secreto* data de la época de Hermes, quien vivió en el antiguo Egipto y fue el gran maestro del ocultismo. De su nombre deriva la palabra *hermético,* que significa *cerrado.* Estas doctrinas eran consideradas secretas, ocultas, y se enseñaban a muy pocos de generación en generación de viva voz. Los maestros y sus seguidores no pretendían la aprobación de todos y durante siglos han afirmado: "Donde caen las pisadas del Maestro se abren los oídos de aquellos que están listos para escuchar; cuando los oídos del estudiante están preparados para oír, vienen los labios para llenarlos de sabiduría".

La diseminación selectiva y a cuentagotas de la sabiduría hermética, se debe principalmente al enorme escepticismo que existe para entender que todos podemos crear nuestra propia realidad y atraer a nuestra vida lo que deseamos. Sin embargo, algunos han mantenido encendida la llama, impidiendo que la luz del conocimiento se extinga. Gracias a estas mentes valientes hoy podemos conocer estos secretos.

A partir de conversaciones con quienes han leído o han tomado cursos sobre el secreto, he observado que existe un punto, un momento, en el que las personas se encuentran confundidas. Pareciera tan sencillo entender la frase "Pide y te será concedido", que muchos suponemos que así sucede. O que así tiene que suceder: rápida, inmediatamente.

A mí, en lo personal, me tomó algo de tiempo encontrar la forma adecuada en que debía pedir para que mis decretos, mis deseos, se cumplieran.

Entendí que los seres humanos somos imanes y que todos nuestros deseos y nuestros decretos se cumplen, pero es necesario trabajar en ello. Si yo en este momento te dijera: "Soy maga, tienes un minuto para pedirme un deseo" y tú me respondieras "Quiero un millón de dólares", yo podría decirte "Perfecto, lo obtendrás cuando cumplas 95 años". Quienes asisten a mis cursos se quedan perplejos ante respuestas de este tipo y me preguntan "Entonces, ¿cómo debo pedir?"

Detrás del secreto hay muchos secretos. Y todos estos secretos hacen posible la ley de atracción. La conexión de nosotros con el Universo se traduce en la aceptación de que esta ley existe y que podemos aprender a utilizarla para lograr nuestros sueños y recibir todo cuanto pedimos porque somos merecedores de ello. Los secretos son pasos concretos que debemos seguir para aprender a pedir, y que responden a preguntas como "¿Qué quiero? ¿Cómo lo quiero? ¿Cuándo lo quiero? ¿Por qué lo quiero? ¿Para qué lo quiero?"

Por eso, luego de enfocar mi atención y mi aprendizaje en esta idea, me dediqué a desmenuzar y jerarquizar, a la vez que ubicar cada uno de sus pasos, acerca del proceso de decretar y realizar nuestros sueños.

Estoy segura que tener este libro en tus manos te convierte en una de esas almas que descubrirán que el secreto consiste sencillamente en actuar y vivir en conciencia. La conciencia individual lleva a la colectiva. Te invito a aprender no uno sino muchos secretos. Y también te invito a que lo compartas con todas las personas que, como tú, desean transformar su vida para lograr la paz y la felicidad.

Bienvenido a crear magia con tus pensamientos, palabras, actitudes y acciones, a transmutar lo que es indeseable en lo que es apreciable, a escapar de los planos inferiores para vibrar en los planos superiores. Haz de tu vida una historia empoderadora.

Si vivimos con esa intención y en conciencia, cometeremos menos errores. El camino es la luz, la ruta es hacia arriba.

Éstas son las herramientas, éstos son los secretos, estas páginas contienen las recetas mágicas que harán que en tu vida haya amor, abundancia, éxito, salud y felicidad.

I

La Ley de Atracción

La ley de atracción, como cualquier otra de las leyes que rigen nuestro planeta, es una realidad comprobada por los estudiosos de la física cuántica. Consiste en que, en el Universo, todo lo que existe posee un carácter magnético. Los seres humanos no somos una excepción. Podemos considerarnos imanes ambulantes que, de acuerdo con las vibraciones que emanamos, a las energías que enviamos hacia el exterior, atraemos a nuestra vida aquellos aspectos en los que nos enfocamos. "Todo lo que se asemeja, se atrae". Todo atrae a su igual. Pensamientos negativos atraen experiencias negativas, pensamientos positivos atraen experiencias positivas.

Inevitablemente y, en general, de manera inconciente, cada segundo atraemos, al círculo de nuestras vidas, a aquellas personas, situaciones y cosas que se encuentran en sintonía con nuestros pensamientos. Hacer conciente la ley de atracción que ocurre a diario y en todo momento, nos permite acercar a nuestra vida lo que realmente deseamos al mismo tiempo que alejar aquello que nos detiene o nos hace retroceder.

Con nuestros pensamientos, nuestras palabras, nuestros actos, emitimos vibraciones. Estas vibraciones equivalen a lo que atraemos. En virtud de la ley de atracción, nuestros pensamientos o nuestras palabras se hacen realidad. Nada ocurre en nuestra existencia si no es atraído por nosotros. Vivencias, experiencias, personas, objetos. Todo lo que vivimos y lo que nos rodea es atraído por nuestras vibraciones.

Seguramente tú has dicho o has escuchado frases como "tal o cual persona tiene buena vibra", o "qué mala vibra".

Todo es energía. En un estudio realizado recientemente, se demostró que quienes viven "en conciencia", vibran o calibran a una frecuencia muy alta. Supongamos un número: 300. Las personas que viven quejándose de su realidad, su circunstancia y su suerte, las personas que viven deprimidas y que no sienten la menor gratitud hacia la vida, "vibran" o "calibran" a un número tan bajo que puede llegar a cero o menos cero. Son seres humanos carentes de luz. Pero quienes los rodeamos podemos ayudarles a sentirse mejor si diariamente elevamos la frecuencia de nuestra propia energía. ¿Cómo? A partir del entendimiento y la aceptación de que todos somos uno.

El más grande de los secretos de la ley de atracción es el amor. El amor es el motor que mueve al mundo. Es energía pura y es el sentimiento más sublime que el ser humano puede manifestar. El amor comienza por aceptarnos y amarnos a nosotros mismos para luego poder amar a los demás. El amor es aceptar que todos somos uno. La abundancia llegará a tu vida con más facilidad y el secreto de la ley de atracción funcionará mejor cuando experimentes una vida llena de amor. Porque el amor es sanación y es la conexión con tu Ser Supremo, con la más alta jerarquía que rige al Universo.

Mientras más seres humanos aprendamos a vivir en constante alerta, observando nuestros pensamientos, nuestras palabras y nuestros actos, respetando a los demás y a nuestro entorno, dejando de juzgar a quienes nos rodean, cuidando nuestro planeta, rompiendo viejos patrones, reconociendo todo aquello que debemos soltar, haciendo concientes uno a uno los pasos del camino para llegar a la conciencia, estaremos construyendo un mundo mejor. Cada día nuestro cuerpo, nuestro rostro, nuestra actitud, reflejarán lo bien que nos sentimos, lo alto que vibramos. Entonces nos daremos cuenta de que somos más energéticos, más pacientes, más concientes, más amables y agradecidos, de que elegimos pensar y hablar de manera positiva y de que nuestras acciones son coherentes con nuestros sentimientos.

El proceso de crecimiento interno puede compararse al ejercicio que hacemos diariamente en un gimnasio: si lo llevamos a cabo como un hábito nos mantenemos en forma. Pero, si dejamos de hacerlo, los músculos vuelven a relajarse. Lo mismo sucede con el subconciente. Lo logramos reprogramar y llegamos a una alta frecuencia energética o vibracional. Pero, si abandonamos este hábito, nuestros pensamientos vuelven a ser los mismos de antes. A mayor frecuencia y constancia, mayores logros.

Tus pensamientos crean tu destino. De ti depende que éstos sean positivos o negativos para que tu historia sea empoderadora. Es importante que desde hoy comprendas que eres un pensador libre y esto quiere decir que tienes libre albedrío, lo cual te hace responsable de tus actos y creador de tu propia realidad. Es claro que atraes a tu vida lo que deseas, y esto te llevará a responsabilizarte de lo que piensas, lo que hablas y lo que haces. ¿Te imaginas cuán poderoso eres?

Dejemos atrás las historias débiles en las que culpábamos a los demás de todo lo que nos sucedía día con día. Nuestro mago interior es capaz de transformar nuestra vida. Somos poseedores de un gran poder y este gran poder es nuestro más preciado tesoro, lo guardamos en el alma y lo llevamos con humildad, lo cual nos enaltece.

Lo que resistes, persiste. Te sugiero que fluyas con cada uno de los secretos de los que habla este libro. Una vez que lo logres, caminarás por la vida sin esfuerzo alguno. Notarás que cada pieza cae en su lugar, como si se tratara de un rompecabezas.

Imagina que eres el agua de un río. Nada te detiene. Las piedras que encuentras a tu paso son retos en vez de obstáculos. Soluciónalos, recibe el aprendizaje, tómalos como lecciones de vida y sigue fluyendo hacia adelante.

"Primero fue el pensamiento". Esta frase, contenida en los preceptos de la mayor parte de las religiones, esclarece el fondo del secreto. Alinear, sintonizar, armonizar nuestros pensamientos con nuestras palabras, nuestros sentimientos y nuestras acciones, transformará nuestra realidad y nos permitirá realizar todo aquello que deseamos.

La ley de atracción responderá a todo lo que deseas y a todo lo que pides. En ti está elegir si quieres vivir en la escasez o en la abundancia.

El Universo está aquí para apoyarte. Confía en el Poder dentro de ti, está ahí para ti. Estás destinado a ser una expresión maravillosa y amorosa de la vida. Ella está esperando que te abras, que te sientas digno de todo el bien que guarda para ti. La sabiduría e inteligencia del Universo es tuya para que la uses.

Haz que tu vida devore tu sueño
antes de que tu sueño devore tu vida

2

PALABRA MÁGICA

Observa tus pensamientos convertirse en tus palabras
Observa tus palabras convertirse en tus actos
Observa tus actos convertirse en tus hábitos
Observa tus hábitos convertirse en tu carácter
Observa tu carácter convertirse en tu destino

Descubre el primer secreto:

¿Alguna vez has observado qué piensas, qué dices, cómo actúas, cuáles son tus hábitos, cómo es tu carácter?

¿Alguna vez te has puesto a pensar que tus pensamientos marcan tus palabras, que tus palabras marcan tus actos... y así hasta llegar a tu destino?

Generalmente, los seres humanos nos detenemos a reflexionar en nuestras palabras después de haber ocasionado algo con ellas. Bueno o malo. "¿Qué dije?", preocupados porque alguien se sintió ofendido. "¿Qué dije?", asombrados por la sonrisa o el abrazo que recibimos como respuesta.

Para muchos de nosotros, la vida transcurre en una monotonía que difícilmente nos cuestionamos. Sólo cuando sucede algo inesperado nos detenemos a preguntar ¿Por qué me sucedió esto a mí? ¿Acaso fue tan grave lo que dije?

Nuestro vocabulario, si lo analizamos, es bastante limitado. Hace algunos meses asistí a un curso de neurolingüística en el que uno de los maestros comentaba que es lamentable observar cómo hablamos, el vocabulario tan escaso que utilizamos. Decía que, principalmente la juventud, debía conectarse a un Ipod que permitiera a los jóvenes ampliar su vocabulario y su conciencia, pues, si aceptamos que los pensamientos se expanden de igual manera que lo hace la conciencia, resulta cierto aquel dicho que señala: A mayor vocabulario, mayor conciencia.

¿Cuáles son tus palabras al despertarte? ¿Te quejas porque tienes que ir a la escuela o al trabajo? ¿Todos los días recuerdas y haces un listado de tus dolores físicos?

¿Tus palabras son poderosas y curativas, alentadoras y motivantes, o negativas y destructivas?

Seguramente, para muchos resultan comunes las siguientes frases: Me despierto: "agh, otro día más", "uf, apenas es lunes, ojalá fuera viernes", "es tardísimo y tengo que llegar al trabajo", "qué horror, está muy nublado", "qué horror, hace mucho calor", "está muy contaminado", "qué lata, llevar a los niños a la escuela". Me veo al espejo: "estoy gorda", "una arruga más", "las manchas de la piel no se me han quitado", "odio mi cabello, es lacio", "odio mi cabello, es rizado".

Y antes de irte a dormir, ¿en qué piensas? ¿En un futuro feliz o pesimista? ¿Qué mensaje está recibiendo tu subconciente y todas las células de tu cuerpo que están conectadas? ¿Un mensaje de sentimientos negativos y destructivos como la ira, el coraje y la decepción, o de sentimientos positivos como la alegría, el amor y la tranquilidad? Este mensaje, cualquiera que sea el sentimiento que lo origina, se reflejará en tu carácter y en tu actitud frente a ti y frente a los demás. Desde el momento en que lo piensas te acompañará durante todo el día, dormirá contigo y volverá a aparecer en tus sueños, para amanecer al día siguiente más grande y fortalecido.

No se trata de repetir frases que tu subconciente rechazará porque son incoherentes. El subconciente es nuestro disco duro, es la memoria que almacena cada uno de los mensajes que enviamos a nuestras células, segundo a segundo. Si tienes unos kilos de más, tu cabello no es perfecto y quieres cambiar esta realidad, en vez de repetir: "Estoy delgada... estoy delgada... estoy delgada..." como perico, deberás decir algo que a tu subconciente le parezca coherente, como "Me siento muy contenta porque estoy en el proceso de perder peso", y "Amo mi cabello, lo acepto como es". Pasado un tiempo breve te sorprenderás del cambio. Claro que los cambios se darán de acuerdo con tu principio de realidad, del cual hablaremos más adelante, pero tu figura será otra y tu cabello lucirá, sin lugar a dudas, más brillante y saludable. Estos pensamientos transforman nuestra actitud y nos permiten recobrar, además de la autoestima, la seguridad de que todo es posible. Con ello, comenzamos el proceso de dejar de vivir inconformes y nuestra historia, a partir de estas pequeñas transformaciones, se va convirtiendo en una historia empoderadora.

"Somos lo que decimos"

La palabra es mágica. La palabra es sagrada. La palabra construye. La palabra destruye.

Una palabra basta para hacer feliz a alguien. Una palabra basta para construir o destruir cualquier relación. Una palabra es suficiente para herir profundamente.

Existe un tremendo poder en las palabras. Las palabras son el cimiento de lo que creamos en nuestras vidas día con día. El primer paso será establecer un diálogo contigo mismo para fortalecerte y aumentar tu autoestima. El segundo será el diálogo con los demás. Es importante observar nuestra palabra.

El crecimiento espiritual y de conciencia se basa en la disciplina de observar nuestros pensamientos, nuestras palabras y nuestros actos, con el fin de conocernos a nosotros mismos y de transformar nuestra vida a partir de cambios firmes y permanentes.

¿Cómo puedo observar mis pensamientos, mis palabras o mis actos, si yo mismo soy quien los realiza? ¿Debo detenerme a cada segundo para hacer conciente lo que estoy pensando, observar lo que a cada momento llevo a cabo? ¿Es posible pensar algo e inmediatamente hacer concientes mis pensamientos?

Sí, es posible. Pero, como todo, se trata de un aprendizaje.

¿Cuánto tiempo se requiere para aprender a observar nuestros pensamientos, nuestras palabras y nuestros actos? Depende de cuánto dediquemos, durante el día y durante todos los días, a esta actividad que ha de convertirse en hábito. Comenzaremos ahora mismo. Observaremos lo que nosotros hablamos y la forma en que los demás lo hacen. Observaremos de qué manera construimos una frase, un enunciado, un diálogo, y de qué manera lo hacen quienes nos rodean. Evitaremos calificar o juzgar nuestro lenguaje y el de los demás. Tampoco nos preguntaremos por qué hablamos de tal o cual forma o si está "bien" o "mal" todo lo que decimos. Simplemente observaremos.

Entonces nos haremos las siguientes preguntas: ¿Lo que acabo de pensar, lo que acabo de decir, es una afirmación o una negación? ¿Es un reclamo, una queja, o una expresión de agradecimiento? ¿Es una crítica intolerante o una frase amable? ¿Es una ofensa o un halago? ¿Mi pensamiento construye o destruye? En una palabra, ¿es un *sí* o un *no*?

Si es posible, apuntaremos cuántos pensamientos o frases, de un día completo, significan un *sí*, una afirmación, y cuántos significan un *no*, una negación.

Como si se tratara de una prueba, un examen de preguntas fáciles, en un cuaderno o algunas hojas sueltas pondremos más marcas en la columna del *sí* o en la columna del *no*.

Afirmaciones	Negaciones
X	X
X	X
X	X
X	X
	X
	X
	X

Nos sorprenderá la cantidad de frases y pensamientos negativos que acumulamos durante el día, lamentándonos de cosas tan comunes y cotidianas, algunas intrascendentes o de sencilla solución (la apariencia personal, las tareas domésticas, el estudio, el trabajo), otras incontrolables o totalmente fuera de nuestro alcance y poder de decisión (el tránsito, el clima, la situación económica nacional e internacional). También descubriremos lo que pensamos y decimos sobre los demás, nuestros familiares, amigos y compañeros de trabajo.

Por supuesto, podemos apuntar, en las columnas, lo que pensamos y lo que dijimos, textualmente. Esto nos será de gran utilidad para cambiar nuestro lenguaje y confirmar, más adelante, el crecimiento que hemos logrado.

NEGACIONES	AFIRMACIONES
Tengo mal carácter	Siempre estoy de buen humor
Duermo mal y muy poco	Duermo tranquilo y lo suficiente
Tengo mala memoria	Siempre recuerdo todo
Mi energía siempre es baja	Soy entusiasta y mi energía es alta
Odio hacer ejercicio	Sé que el ejercicio me beneficia
Jamás podré manejar una computadora	Estoy aprendiendo computación

El viaje a nuestro interior ha comenzado, a través de la observación de nuestros pensamientos y nuestras palabras. El primer secreto ha sido develado.

Los maestros llaman a este ejercicio el "yo observante", y se trata simplemente de aprender a observarnos con el fin de llegar a la conciencia. Desde hoy iremos por la vida como si tuviéramos un alter-ego, un gemelo invisible que camina junto a nosotros o que se desprende de nuestro cuerpo y desde arriba nos observa. Es lo que todos conocemos como "la voz de la conciencia", indispensable para transformar nuestra vida. Escuchar esa voz interna y comenzar a transformarla en todos los aspectos que consideramos necesarios, nos permitirá hacernos responsables de nuestros actos.

Para algunos resultará más fácil y rápido que para otros. En todo proceso hay que tener paciencia para obtener buenos resultados. Recordemos la frase "Paciencia infinita trae resultados inmediatos". Es tan simple como sembrar una semilla para que crezca un árbol, o como cosechar jitomates:

si arrancamos el jitomate antes de que madure, no llegará a buen fin. Todo tiene su tiempo. Si logramos ser constantes, más pronto de lo que imaginamos descubriremos que nuestro interior escondía grandes sorpresas, desconocidas hasta ese momento por nosotros mismos.

De pronto, un día como cualquier otro, nos daremos cuenta de que nuestro lenguaje, además de ser más rico en cantidad de vocablos y de frases, se ha vuelto menos agresivo, puntilloso, irónico, despectivo. Nuestro lenguaje ahora es amable y a través de nuestras palabras se asoma una actitud generosa, agradecida, amigable. Lo que dicen nuestras palabras se refleja en el rostro, que deja atrás un gesto de desaprobación o enojo para mostrar una sonrisa franca.

Existe un Poder Superior con el cual trabajamos para crear y materializar todas nuestras afirmaciones. Tenemos que creerlo, la confianza en que todo se da es fundamental. No importa el tiempo que nos tardemos en adquirir el hábito de la auto-observación. De lo único que debemos tener certeza es que este hábito es el principio de la transformación, con el cual será posible lograr la ley de atracción en nuestra vida.

A partir de este momento, la observación de nuestros pensamientos y nuestras palabras es una práctica permanente.

Luego de hacernos responsables de nuestras palabras, nos haremos responsables de nuestros actos y de todo lo que somos capaces de atraer. ¿Por qué culpar a otros de lo que nos sucede? Desde este momento, elegimos vivir en conciencia. Desde hoy, nos preguntamos: ¿pué puede pasar con este paso que voy a dar? Y eso, con cada acción de tu vida y con cada frase.

Es posible que aún no te hayas dado cuenta de que tú atraes hacia ti la mayoría de cosas que te suceden:

"Qué raro, estaba pensando en mi amigo Roberto, que no veía desde hacía años, y me lo encontré en el centro comercial", "Qué extraño, hoy me levanté pensando que el auto iba a descomponerse y sucedió", "Lo sabía, tengo tan mala suerte que nunca encuentro dónde estacionarme", "No tenía un centavo y, sin esperarlo, recibí el pago que tanto necesitaba", "Me llamaron de la empresa donde desde hace tiempo quería trabajar".

Por "coincidencia", una persona te lleva a otra y esa a otra y, como consecuencia de una conversación con esta última, tu vida da un giro de 180 grados debido al cual cambias de escuela, de trabajo, de ciudad, de país.

¿Casualidad puede llamarse todo lo que te sucede a diario? Según el diccionario, *casualidad* significa "combinación de circunstancias imprevisibles e inevitables". Lo contrario a esta acepción, *causalidad,* se define como "la relación entre una causa y su efecto", es decir, "nada puede existir sin una causa".

A medida que aumenta la observación que hacemos de nosotros mismos, hacemos conciente la relación directa entre lo que pensamos o decimos y lo que nos sucede. A toda acción corresponde una reacción. Nuestro subconciente, ese conjunto de procesos mentales que desarrollan una actividad independiente de la voluntad, acumula toda la información que repetimos a diario, almacena la imagen que construimos de nuestra apariencia, nuestro cuerpo, nuestra salud, nuestro carácter y de la forma en que nos relacionamos con los demás, y se encarga de hacerla realidad ante nuestros ojos. Si todos los días repetimos "¡qué día más pesado!", ¿cómo serán ese y los días siguientes? Si a diario recordamos el dolor en la rodilla antes de que aparezca, ¿cuánto aumentará éste día tras día? Si a todo el mundo le contamos lo imposible que resulta, a esta edad, bajar de peso, ¿cuántos kilos subiremos este mes?

Debes ser conciente de que todo en la vida es causal. El secreto está en descubrir la causa de los encuentros o las situaciones que vivimos día a día.

Todo lo que decimos se reverbera. También lo que pensamos y lo que hacemos. ¿Qué es la reverberación? Es un eco. Lo que decimos se va al Universo y si lo repetimos constantemente se materializa, así sea una verdad o una mentira.

Viene a mi memoria un cuento que relató uno de mis maestros:

Un hombre y su hijo caminaban por las montañas. El niño se resbala y cae lastimado.

"¡Aaahhh!", grita adolorido.

Un segundo después, se escucha:

"¡Aaahhh!" La voz proviene de la montaña de enfrente.

Con curiosidad, el niño pregunta:

"¿Quién está ahí?" Recibe una respuesta:

"¿Quién está ahí?" Molesto, el niño grita

"¡Cobarde!" Se escucha:

"¡Cobarde!"

"¿Qué sucede?", pregunta a su padre.

"Hijo mío, presta atención", le responde su padre, al tiempo que grita a la montaña:

"¡Te admiro!" Del otro lado, la repuesta:

"¡Te admiro!"

Con más fuerza, el hombre grita:

"¡Eres un campeón!" y la voz repite:

"¡Eres un campeón!"

El niño miraba a su padre, asombrado.

"Mira, hijo, la gente lo llama eco, pero en realidad es la vida. Te devuelve todo lo que dices y haces. Nuestra vida es el reflejo de nuestras acciones. Si deseas que haya más amor en el mundo, crea más amor a tu alrededor. Si deseas felicidad, da felicidad a quienes te rodean. Si quieres una sonrisa para tu alma, ofrece una sonrisa a las almas de quienes están contigo. La vida te devolverá exactamente lo que tú le has dado. Tu vida es un reflejo de ti."

"Entonces, ¿la vida es un eco?"

"Exactamente, hijo. Y aprende bien esta lección: Si no te gusta lo que recibes de vuelta, revisa muy bien lo que estás dando".

¿Te das cuenta, ahora, de lo poderosas que son nuestras palabras?

He escuchado a muchas personas decir: "Qué mal le ha ido a nuestro amigo, pobrecito, está estrellado...", "Qué karma tiene esta amiga, la pareja que tiene actualmente es igual al novio que tenía hace dos años, es mujeriego, flojo, irresponsable...", "En años no he podido dejar ese empleo, tal parece que ése es mi karma y ahí tendré que pasar el resto de mi vida..."

La palabra *karma*, a la cual generalmente se le ha dado un significado de "castigo", simplemente significa "acción-reacción". Por lo cual, nuestro "karma" es sencillamente la reacción de lo que nosotros mismos hemos provocado.

Y precisamente así es como funciona la ley de atracción. Son los pequeños detalles, que parecieran insignificantes, los que adquieren importancia al momento de devolvernos lo que nosotros damos. Por ello debemos observar nuestras palabras, nuestros pensamientos y nuestros actos, para vivir en un constante estado de conciencia.

A toda acción corresponde una reacción. ¿Qué repetimos a diario? ¿Cuáles son las frases que conforman nuestro lenguaje?

Actualmente, con el sólo hecho de escuchar hablar a una persona, en pocos minutos puedo detectar perfectamente de dónde proviene su malestar. Pongo atención en cada una de sus palabras e inmediatamente me doy cuenta de que su carácter y su estado de ánimo se originan en todo lo que ha repetido durante su vida y lo que acumula en su memoria.

Por ejemplo:

Laura me comenta que desde niña sufre de gastritis crónica y que desde hace muchos años toma medicamentos sin lograr sanarse. Digo para mí misma: "Puedo imaginar los años que Laura lleva repitiendo esta historia". Por supuesto que en su disco de memoria y en su subconciente es más que evidente que su estado normal debe ser el de padecer gastritis, pues como bien sabemos cada frase repetida se registra en nuestras células y en nuestra memoria.

Ricardo me pregunta cómo hacer para que su hijo de tres años deje de llorar. Le pregunto: "¿Qué le dices cuando llora?" "Pues que es un llorón". "Si continúas repitiendo esa frase, tu hijo llorará toda la vida o, paradójicamente, todo lo contrario, dejará de llorar aunque el malestar sea grande, pues lo que este niño ha registrado en su cerebro es que efectivamente es un llorón y que ser así es muy mal visto por su padre". "Terry, por favor… cuando yo era pequeño, mi padre me hubiera dado dos nalgadas y a callar". "Así es.

Hoy te regalo una nueva técnica, dile a tu hijo… 'No me has explicado por qué lloras, ¿tienes ganas de llorar? quédate un buen rato en la recámara hasta que te sientas tranquilo. Todo estará bien. Estás seguro y protegido'. En vez de saberse castigado, el niño sentirá seguridad y dejará de llorar". Riendo, Ricardo me dice: "Muy bien, maga, quiero ver que vivas con él un mes". Lo reto a hacerlo, pues clínicamente está comprobado que funciona.

Utilizamos la misma energía al pensar positivo que al pensar negativo. Desde este momento, decidimos pensar positivo. Porque deseamos que sólo nos sucedan, hoy y siempre, cosas y eventos positivos.

Por ello, haremos un repaso de las negaciones que, sin siquiera pensarlo, expresamos a diario:

- no me siento bien
- no pongas eso ahí
- no llegues tarde
- no me gusta ese color
- no estoy de acuerdo
- no hagas esto
- no lo tolero

Y, con plena conciencia, cambiaremos estas frases por otras que, aun cuando en general significan lo mismo, están expresadas en sentido positivo. Esto se logra si, antes de emitir la frase que comienza con un NO, nos preguntamos "Bueno, esto es lo que NO quiero, entonces ¿qué es lo que SÍ quiero?"

Así, cuando pensamos "no me siento bien", hacemos un alto, construimos la frase positiva y expresamos "hoy me sentiré mejor". Y, al dar una orden y elaborar mentalmente la frase "no pongas eso ahí", antes de emitirla verbalmente nos preguntamos ¿qué es lo que SÍ quiero? y decimos "¿podrías colocarlo en este otro lugar?", de tal manera que, a lo largo del día, de la semana, los meses, los años y de aquí en adelante, iremos modificando nuestro vocabulario hasta lograr erradicar, en la medida de lo posible, la palabra NO.

En vez de decir:	Decimos:
No me siento bien	Cada vez me siento mejor
No pongas eso ahí	¿Podrías colocarlo en este otro lugar?
No llegues tarde	Te sugiero que llegues más temprano
No me gusta ese color	Prefiero ese color
No estoy de acuerdo	¿Tienes otra opción?
No lo tolero	Prefiero alejarme de esta situación

Para este ejercicio, resulta aleccionador contar cuántas veces, en un día, decimos la palabra NO. Aun cuando esté justificada, cada frase que contenga un NO será contabilizada. Al día siguiente, con toda premeditación, decidiremos evitar esta palabra y volveremos a contar cuántas veces decimos NO, cambiando el sentido de nuestras frases de negativo a positivo. Veremos cómo cambia, además de la forma en que construimos nuevas frases, nuestra percepción de la transformación que estamos viviendo y, como consecuencia, la reacción de la gente con la que nos comunicamos.

Establecemos una atmósfera positiva para atraer a nuestra vida lo que deseamos.

Hablar en positivo es hablar con afirmaciones.

Atraer a nuestra vida lo que deseamos: la abundancia, la felicidad, la salud y el éxito, es posible si nuestros pensamientos y nuestras palabras son afirmaciones. El Universo recibe nuestros mensajes y nos devuelve lo que reverberamos.

> Observo mis palabras y las de los otros.
> Transformo mi lenguaje.
> Todo lo que digo se reverbera
> y se materializa.

3

INTUICIÓN

*No es la razón, sino la intuición, la que posee
la clave de las verdades fundamentales*

SIDDARTHA GAUTAMA, BUDA

Para hablar del subconciente, los psicólogos utilizan la imagen de un iceberg: la porción que sobresale del agua, la punta del iceberg, apenas un porcentaje mínimo del total de la masa de hielo, corresponde al conciente. El resto, la parte que se encuentra bajo el agua, el noventa y nueve por ciento del total de la gran montaña helada, es el subconciente.

En la vida cotidiana, conciente y subconciente tienen tareas bien definidas y diferenciadas: mientras el conciente se encarga de pensar, razonar, deliberar sobre todas las actividades que llevamos a cabo, el subconciente trabaja incansable para que todos nuestros órganos funcionen adecuadamente, además de permitirnos soñar y tener sensaciones y emociones día y noche, estemos dormidos o despiertos.

En nuestro subconciente se encuentra un sentimiento conocido como "sexto sentido", "corazonada", "revelación" o "intuición", que es el que nos alerta sobre el peligro y nos aconseja dónde y cómo encontrar el éxito.

La intuición se define como "la percepción de una idea

o una situación que, con toda claridad, aparece en nuestra mente sin necesidad de un razonamiento lógico".

Todos hemos utilizado, en muchos momentos y situaciones de la vida, la intuición. En ocasiones "sentimos" que no es conveniente asistir a un lugar, aceptar una invitación, dar una opinión, recibir un regalo, aprobar una propuesta. Y ese sentimiento, para quienes han sabido desarrollarlo, la mayor parte de las veces resulta muy eficaz. Es una alarma certera para "estar en el momento adecuado en el lugar preciso".

Decimos sobre alguien que tiene un gran tino para percibir lo que está sucediendo o para "adivinar" lo que está a punto de suceder, que es una persona intuitiva o que tiene muy desarrollada la intuición. "Suerte" llaman algunos a esta capacidad.

En realidad cualquiera de nosotros puede desarrollar esta habilidad hasta convertirla en nuestra mejor amiga. ¿Qué nos dicta la intuición sobre cómo debemos proceder? Los grandes hombres de negocios, los investigadores, los científicos, los inventores, los descubridores, los aventureros, los conquistadores, los gobernantes, todos aquellos que tienen una estrella que guía sus caminos, utilizan la intuición como su aliada inseparable, como su consejera. Pero hasta en las actividades y decisiones más pequeñas y cotidianas, las que consideramos menos importantes y trascendentes, esa voz que sólo escuchamos en nuestro interior, puede decirnos "anda, hazlo, atrévete, no lo pienses más" o, por el contrario, "¡cuidado!, aléjate de ahí inmediatamente".

¿Cómo hacer para que la intuición se manifieste en nuestra mente? ¿Qué pasos debes seguir para que este sentimiento aflore y se convierta en tu compañero, en tu cómplice?

Antes que nada, hay que entender que en el subconciente se guarda toda la información que hemos recogido a través de nuestra vida, ahí están escondidos el sufrimiento, la alegría, los recuerdos agradables y desagradables, las causas de nuestra felicidad y nuestra amargura, las razones de nuestro comportamiento. Conforme vayamos descubriendo qué hay en nuestro interior, por qué sentimos y reaccionamos de una forma determinada, y vayamos transformando nuestro lenguaje, nuestras actitudes, nuestra realidad de acuerdo con lo que deseamos vivir, iniciaremos a reconocer esa capacidad que teníamos escondida o reprimida. Invita a tu intuición a que aparezca más a menudo, a que se haga presente siempre y en todo momento. Dile que necesitas su asesoría, su guía. Antes de dormir, dile que confías en los consejos que te dará al día siguiente.

Verás cómo, poco a poco, tu intuición será un gran apoyo para tomar decisiones en todos los aspectos y ámbitos de tu vida. Podrás escuchar tu voz interior frente a cualquier circunstancia en la que debas actuar. Ella, mejor que nadie, sabe quién eres tú y qué necesitas para tomar las mejores opciones.

Mi intuición es mi consejera. Aprendo a escucharla.

4

El espejo

¿Quién soy? ¿Quién habita dentro de mí?

Es necesario aprender a mirar nuestro rostro y detectar qué sentimientos refleja: ¿miedo, angustia, rencor, dolor?, ¿confianza, paz, amor? Un espejo bastará para descubrir otro secreto.

Decíamos que en este proceso de transformación, es indispensable conocer nuestro interior.

Pasamos la vida mirándonos al espejo: "¿Cómo me veo?", "¿Me queda bien este color de maquillaje?", "¿Está bien mi peinado?", "La falda tableada me hace ver más gorda", "Me urge pintarme el cabello", "Me veo muy sucio sin rasurar". Nos miramos de reojo para opinar sobre nosotros mismos generalmente algo negativo, para encontrar y reafirmar defectos en lugar de cualidades. Pero, te pregunto: ¿Alguna vez te has cuestionado realmente quién eres? ¿Alguna vez te has detenido frente al espejo para observar tu interior? Tenemos tanta prisa que rara vez hacemos un alto para observarnos en vez de sólo mirarnos.

El ejercicio que a continuación describo, es mágico. Pasados veintiún días notarás que has logrado establecer una gran conexión con tu interior.

Dicen que "los ojos son el espejo del alma". A través de ellos, frente al espejo, miraremos la profundidad de nuestro ser. Detendrás unos minutos la celeridad en la que vives y te regalarás la posibilidad de conocerte. A partir de que comiences a realizarlo, lo llevarás a cabo diariamente.

El primer día te vas a mirar fijamente en el espejo durante un minuto. Te harás la siguiente pregunta: ¿Quién soy? y nombrarás las características que te definen. Las vas a enumerar en voz alta, para que al escuchar tu propia voz, reafirmes lo que piensas de ti mismo. Seguramente comenzarás por enlistar las características que tengas más presentes porque las acabas de vivir en días pasados o porque alguien hace poco tiempo te mencionó algunas de ellas: puntual, impuntual, amable, tímido, confiado, desconfiado, atractivo, alto, bajo, delgado, activo, obeso, veraz, mentiroso, impetuoso, tranquilo, miedoso, valiente, mesurado, reservado, impertinente, chismoso, simpático, triste, alegre, pulcro, paciente, impaciente, tolerante, inteligente.

Es recomendable incluir todas las características que se te ocurran en el momento. Aunque algunas de ellas se contrapondrán con otras, estás definiéndote tú contigo mismo. Puede ser que en ocasiones seas de una manera y en otras seas diferente. Dilas todas, no guardes ninguna pensando que "esa característica no va tanto conmigo, mejor esta otra". Tampoco escondas las que te produzcan rechazo o vergüenza. Piensa que no pasa nada, simplemente estás siendo sincero frente a tu propia imagen, haciendo un recuento de quién eres en realidad. Aquellas características que consideras negativas, se irán alejando de tu vida ya sea poco a poco o de un solo golpe. Porque —lo comprobarás desde la primera vez que lo lleves a cabo— quieres ser mejor cada día, de tal manera que en muy poco tiempo verás la transformación que sucede en tu interior.

El segundo día aumentarás a dos minutos el tiempo de este nuevo hábito, haciéndote la misma pregunta y agregando a tu lista —o depurándola— más características, valores, virtudes y debilidades. "¿Quién soy? ¿Cuáles son mis valores, mis virtudes, mis debilidades?" Así lo harás hasta llegar a cinco minutos diarios. Y serán estos cinco minutos los que utilizarás del quinto día en adelante, cada día de tu vida, para observarte, conocerte, reconocerte, reconciliarte y reprogramarte a ti mismo. Descubrirás que, en el fondo de esos ojos, de ese rostro, de esa piel, hay un ser que apenas estás conociendo.

Y, después de veintiún días, percibirás que tus rasgos han cambiado. Y que tu gesto y tu mirada son ahora más cordiales porque te has reconciliado contigo mismo y eres —eso se nota de inmediato— mucho más feliz.

Uno de los secretos más importantes para atraer a tu vida lo que deseas es sentirte merecedor de lo que sueñas, pides y deseas.

A través de este ejercicio, serás capaz de descubrir tus debilidades y de transformarlas en virtudes.

La autoestima aumentará cuando reafirmes una y otra vez tus valores y tus virtudes, cuando establezcas una relación directa y franca con tu voz interna.

Estás viendo a tu interior, estás conociendo a tu mago interno, aquel que es capaz de lograr lo que creías imposible.

Una vez que te conoces, podrás entender tus inquietudes y sabrás cuáles son tus deseos.

"Soy generoso, bondadoso, leal, justo, honrado, respetuoso, amable". Los valores que descubras y los que elijas, serán inamovibles. Si tienes dudas acerca de la carencia o falta de algún valor que te parece importante, trabajarás para integrarlo a tu esencia. "Hasta ahora me ha faltado ser (bondadoso, respetuoso...), pero desdc hoy integro esa virtud a mi esencia".

Dejas de pensar y dar importancia a tus debilidades, eliges pensar que estás avanzando en el camino hacia la conciencia, hacia el rumbo que has decidido tomar y hacia la vida que quieres vivir.

A partir de hoy, reprogramaremos el disco duro que está en nuestro subconciente para transformar nuestras vidas. Lo reprogramaremos con palabras positivas, pensamientos positivos y afirmaciones, porque ésa es la única manera en que el secreto funciona. Siempre y cuando aprendamos a atraer.

Y atraer sólo será posible cuando estemos en plena afinidad y sintonía con el Universo, pensando y hablando en positivo.

Deseo saber qué ocurre en mi interior.
Me pregunto quién soy y enriquezco mi esencia.

5

LA VARITA MÁGICA

¿Quién posee mi varita mágica? ¿A quién se la he dado?

¿Quién eres tú? ¿Qué viniste a aprender? ¿Qué viniste a enseñar? En nuestro interior existe un gran poder. Llegamos a la Tierra con un propósito único. Somos mucho más que nuestro cuerpo, nuestros problemas, nuestros temores y nuestras enfermedades. Todos estamos unidos, entrelazados con todos los seres vivos en el planeta y con toda la vida que existe en él. También somos espíritu, luz, energía, vibración y amor y todos estamos facultados para vivir nuestras vidas con un propósito y un significado.

Otro de los secretos, el gran poder que existe en nuestro interior, se simboliza en nuestra varita mágica, aquella que utilizamos en todas nuestras acciones para decidir qué hacer en cada momento. Y de nuestra autoestima, de la percepción que tenemos de nosotros mismos, de nuestras habilidades y de nuestra capacidad para construir y transformar nuestra vida, depende el uso que le demos.

Aunque todos poseemos una varita mágica desde que nacemos, a lo largo de nuestra vida, muchas veces sin darnos cuenta, se la entregamos a otra persona.

En la infancia, por supuesto, son nuestros padres quienes tienen nuestra varita mágica. Hacen uso de ella porque son ellos quienes deciden sobre nuestros valores, hábitos, creencias, alimentación, formas de vestir, comportamiento. Es decir, son ellos quienes nos dan las bases para continuar nuestro propio camino. De hecho, la ley de la vida indica que son nuestros padres —proveedores de la primera etapa educativa y vivencial— los que debieran entregarnos, al crecer, esta varita mágica que nos pertenece y con la que decidiremos en adelante qué hacer con nuestro destino. En la adolescencia, entregamos nuestra varita mágica a nuestros amigos, familiares, profesores y compañeros de escuela, más tarde a nuestra pareja, amigos y compañeros de trabajo. Y así sucesivamente.

En todos estos casos nuestro poder interno queda supeditado a las exigencias de los demás, dejamos que otros decidan por nosotros. Acabamos permitiendo —por costumbre o por comodidad— que esta situación dure meses, años o toda la vida.

Recupera tu varita mágica, recuerda que es tu autoestima, la confianza en ti mismo para decidir sobre tu vida. Este secreto te llevará a tomar decisiones más claras y precisas, decisiones que sólo a ti te pertenecen porque de ti emanan.

Te aseguro que en este momento, mientras lees estas líneas, ya sabes quién tiene tu varita mágica ahora mismo y quién o quiénes la han tenido en el pasado.

Durante mis cursos, la mayoría de los participantes comentan que su varita mágica la tiene otra persona. Muchas veces, aunque se trate de adultos, la tienen sus padres o sus hijos.

Aquella persona que haya logrado hacernos sentir inferiores, tristes, molestos, malhumorados, que haya logrado hacernos perder autoestima, tiene en su poder nuestra varita. Hagamos un recuento de a cuántas personas hemos permitido arrebatarnos nuestra varita mágica o de plano la hemos puesto en sus manos para que hagan de nuestra vida lo que ellos creen que es mejor para nosotros. Es necesario que día con día nos preguntemos si realmente nos pertenece o si tenemos que hacer un esfuerzo por recuperarla.

La varita mágica es un símbolo que crea magia en las personas. Siempre llevo una cuando imparto un seminario, tengo de todos tipos: de metal, de madera, con piedras, cuarzos, pintadas a mano, esculpidas. Cuando hablo de ella, la muestro a mis alumnos y les explico "de cuerpo presente" lo que significa. Me he vuelto una coleccionista de varitas mágicas. Podría decir que permanentemente las encuentro o "me encuentran". Hoy, la varita mágica se ha convertido en un lenguaje entre quienes me leen o me escuchan. En ocasiones, cuando asisten por segunda o tercera vez a mis cursos, la llevan consigo, reafirmando que tienen el poder de decidir sobre su vida y su futuro.

Pero, exista o no físicamente, el hecho de imaginar que tienes en tus manos algo tan poderoso como una varita mágica, te lleva a remontarte a tu niñez, cuando asegurabas que todo era posible. Hoy, ese sentimiento regresa de una manera contundente, pues siendo adulto puedes tomarlo con mayor firmeza. Tu actitud será diferente y ahí radica este gran secreto.

Nuestra varita mágica puede ir y venir, alejarse de nosotros y volver cuando decidimos recuperarla. Una vez que vivimos en conciencia la regalamos con menor frecuencia o la mantenemos siempre con nosotros.

El sólo saber que no la tenemos con nosotros y que es necesario traerla de vuelta, nos ubica un paso más adelante en el proceso de transformación interna que estamos viviendo.

Una vez más, asume tu responsabilidad, toma las riendas y con tu varita mágica en tus manos atrae a tu vida todo lo que deseas.

Recupero mi varita mágica y la conservo para siempre

6

¿A DÓNDE VOY?

Inicio un viaje mágico, decido a dónde ir

Mi autoestima es alta, tengo pensamientos positivos, hablo con afirmaciones y tengo conmigo mi varita mágica. Sé quién soy. Estoy listo para iniciar un viaje mágico.

Me pregunto: ¿A dónde voy?

Es importante ser honestos, pues la respuesta definirá el camino que habremos de seguir.

Comenzaremos a dibujar un cuadro, el cuadro de nuestra vida.

Imagina un lienzo, del tamaño que sea, pinceles de todos los tamaños y pinturas de todos los colores. Eres artista. Harás trazos con la mayor maestría, combinarás colores y texturas, dibujarás valles, playas, montañas, arroyos, ríos, mares, ciudades, casas, edificios, personajes… todo lo que imaginas y quieres que sea tu vida.

Puedes borrar y volver a pintar. Puedes quitar o agregar. Es válido replantear y volver a empezar, cambiar de ruta, dar saltos de un camino a otro, con el fin de hacerlo menos monótono.

La magia de este secreto está en gozar el viaje.

¿A dónde voy? ¿Para qué quiero abundancia? En ese cuadro se refleja la transformación que ahora vives.

Antes de iniciar tu obra de arte, deberás ubicar tu principio de realidad, un concepto que significa, en la teoría psicoanalítica, "la adaptación y supervivencia del sujeto a la realidad y el descubrimiento de cómo realizar un deseo sin correr ningún peligro". El principio de realidad, por tanto, es un principio que nos define a todos y, gracias al cual, podemos desarrollarnos y adaptarnos al medio en que vivimos.

¿Has notado que existen personas que a simple vista se notan tristes y solitarias, y que han aceptado esa realidad como una verdad absoluta en sus vidas? ¿Crees que esas personas se han detenido a pensar quiénes son, qué quieren y hacia dónde van? La razón por la cual millones de seres humanos se estancan en la vida es porque tienen la plena seguridad de que no es posible cambiar su realidad, simplemente dicen "Esto soy y así me tocó vivir", "Mi realidad es la pobreza, jamás llegaré a tener lo que sueño". Ellos piensan en escasez, desde la escasez, hacia la escasez y, por lo tanto, eso es lo que reciben. Tienen una visión limitante, no creen en su poder, aún no han descubierto a su mago interior.

¿De qué le sirve al planeta contar con millones de seres humanos que no saben qué hacen aquí? Las personas que no tienen un sentido de vida, no tienen vida.

Ningún maestro y ningún libro te llevarán a cambiar tu futuro o a transformar tus pensamientos si no comienzas por el gran secreto de saber qué quieres, hacia dónde vas y, sobre todo, entender tu realidad actual y aceptarla.

"Quiero tener un esposo guapo", pide una de mis alumnas. "Perfecto —le respondo— soy maga y desde hoy tendrás a tu lado a un hombre guapo… ¡que sólo habla sueco!" "Quiero tener un Ferrari", "Muy bien, ya está en tu puerta…

¡es un Ferrari de juguete!" Todo se puede lograr sabiéndolo pedir. Pero has de partir, antes que nada, de tu principio de realidad.

Hay un ejemplo que me gusta utilizar durante mis conferencias para entender el concepto de principio de realidad. Es el de la jirafa.

Observamos a una jirafa. Es un animal bello y majestuoso. Tiene la capacidad de ver hacia abajo y además posee la gran ventaja de levantar muy alto la cabeza y ver a lo lejos. Equiparándolo a nuestra vida, el ejemplo nos remite a la posibilidad de ver hacia abajo, entender nuestro presente y vivirlo intensamente, al mismo tiempo que podemos levantar la cabeza para ver el horizonte y determinar a dónde queremos llegar. Es decir, si comprendemos nuestro principio de realidad, marcaremos caminos posibles de recorrer y metas factibles de alcanzar.

Esto no implica dejar a un lado los grandes sueños, ésos que alguna vez considerábamos imposibles. Al contrario. Significa que vamos poco a poco, pidiendo primero lo más cercano a nuestras necesidades actuales para llegar tan lejos como nos lo propongamos.

Vamos despacio, cada paso es una bella vivencia, la gozamos profundamente y tenemos una visión clara de a dónde queremos llegar.

El secreto de entender tu principio de realidad está en la certeza de poder cambiar tu realidad parcial o totalmente si algo te disgusta, con la seguridad de que podrás brincar tu zona de confort diciendo "Esto soy, me acepto de esta manera, pero ahí afuera, ante mí, existen miles de posibilidades para tener una mejor vida". Recordemos que la vida es de opciones. Tu principio de realidad es la plataforma de la cual partirás para dibujar el cuadro de tu vida. Ése que está lleno de sueños, de deseos, en el cual se plasman las visualizaciones que comenzarás a hacer de tu futuro. ¿Cómo me veo en mi nuevo trabajo, en mi nueva escuela? ¿Cómo me visualizo en otra casa, otra colonia, otra ciudad, otro país? ¿Cómo me veo en mi nueva actividad, en mi nueva carrera, en mi nuevo oficio? ¿Cómo es mi nueva pareja? ¿Qué lugares visitaré próximamente?

Cuando estás iniciando el hábito de hacer afirmaciones y visualizar tu futuro, es posible que te parezca lejano alcanzar tus sueños. Por eso es necesaria la constancia en reprogramar el subconciente con estas nuevas ideas, con el fin de que éste las acepte de la misma forma en que aceptó las ideas que hoy forman parte de tu vida y de tu paradigma, es decir, tu modelo, tu ejemplo a seguir.

¿Qué significa "visualizar"? Ya que hemos definido qué queremos, hacia dónde iremos, en nuestra mente construimos una imagen: la imagen de nosotros en esa situación, en ese lugar, con esa o con esas personas. Imaginamos el espacio físico, los objetos que lo llenarán, la luz que lo iluminará, las personas que nos harán compañía. Nos vemos a nosotros mismos llegando a ese lugar, moviéndonos tranquila y confiadamente en ese espacio, llevando a cabo lo que hemos elegido.

Quizá se trata de una actividad a la que nunca antes habíamos puesto atención. O, por el contrario, es posible que nuestro sueño se refiera a algo que una vez iniciamos y que hemos dejado olvidado.

Sea cual sea, tu visualización debe ser muy concreta. Y

también, muy completa. Es momento de echar a volar tu imaginación, de aprender a soñar, lo cual también se convertirá en un hábito. Recordemos que "todo comienza con un pensamiento" y que, si lo visualizas y trabajas en él, se manifiesta en una realidad.

Por supuesto, los problemas seguirán existiendo. Pero entendamos que los problemas son inherentes a la vida misma, son parte importante de nuestra existencia. Son mensajes o señales que el Universo envía con algún fin, porque el plantear un problema siempre implica buscar su solución. En vez de tratar de eliminarlos o de pasar a un lado sin verlos ni enfrentarlos, debemos preguntarnos ¿qué señal, qué mensaje me envía el Universo a través de este problema?, ¿cómo se relaciona con mi vida, con mis acciones, con mis palabras? Tomemos los problemas como oportunidades, recordemos que en muchas ocasiones han sido necesarios para nuestro crecimiento.

La mayoría de los seres humanos dejamos una actividad o una ilusión trunca, inconclusa, partida. Unos queríamos ser músicos, otros poetas, novelistas, escritores. Otros más, deseábamos correr en un maratón, patinar, jugar básquetbol, nadar, bailar. A nuestro recuerdo viene aquel día en que decidimos ser pintores, escultores, ceramistas, fotógrafos, quizá como una actividad secundaria pero en la que, sabemos, nos sentiríamos felices. "Por ahora no puedo, más tarde retomaré esa actividad", decimos con la seguridad de que encontraremos el tiempo para hacerlo.

Sin embargo, la vida diaria, el estudio, el trabajo, las obligaciones cotidianas, nos han orillado a dejar esos sueños en el cajón del olvido. Ahí están los patines, el balón, la cámara fotográfica, los zapatos de baile, el cuaderno de cuentos y poemas, la flauta, el clarinete o el manual de cómo tocar guitarra en diez lecciones.

A veces, cuando nos mudamos de casa o acomodamos el clóset o el cuarto de los trebejos, nos topamos con esos objetos. Y, sabiendo que se trata sólo de una ilusión, decimos "voy a conservarlos, quizá algún día…" Pero inmediatamente los guardamos, volvemos a la rutina diaria y olvidamos de nuevo para qué los adquirimos y qué representan para nosotros.

Quizá lo que dejamos sin concluir fue una carrera. "Yo quería ser psicóloga pero me casé, tuve a mis hijos y dejé los estudios", "Yo entré a la facultad de Derecho pero me vi obligado a trabajar y ya no pude asistir a las clases", "Me inscribí en la carrera de Comunicación y llegué al séptimo semestre, pero debido a que entré a trabajar, nunca terminé", "Dejé la escuela de danza porque, aunque era lo que más me gustaba hacer, nunca iba a encontrar trabajo".

Algunos ni siquiera iniciaron una actividad, su favorita, aquella que representaba una verdadera vocación, por innumerables razones. "Siempre quise ser actriz pero nunca me atreví a hacerlo", "Me encantan los niños, hubiera estudiado para educadora en lugar de ser secretaria", "Yo debí haber estudiado diseño gráfico en vez de enfermería"… Y así, cada uno de nosotros tenemos una lista, corta o larga, de todo lo que teníamos ganas de hacer y no hicimos.

Nunca es tarde es una frase conocida y repetida por generaciones. Éste es el momento de comprenderla a fondo. *Nunca es tarde* porque *Mientras hay vida hay esperanza*, otra frase recurrente. Cada vez con más frecuencia, las universidades incluyen en su matrícula de alumnos a personas adultas que se han propuesto terminar una carrera o comenzar una a los treinta, cuarenta, cincuenta, sesenta años. Existen escuelas, clubes, academias, casas de cultura e instituciones donde personas de todas las edades toman cursos, diplomados, clases individuales y colectivas de idiomas, pintura, apreciación artística, música, baile y muchas otras disciplinas, en horarios flexibles y adecuados a sus necesidades, a precios accesibles o, en muchas ocasiones, de forma gratuita.

Esto sólo demuestra que, mientras nos lo propongamos, podemos iniciar, reiniciar, continuar o concluir cualquier actividad que hayamos hecho a un lado.

Es posible que, por el contrario, el día de hoy tengamos otras prioridades y aquello que no terminamos ya no constituya una preocupación o un motivo de nostalgia. Quizá, cambiar nuestro rumbo en un momento dado, significó un acierto y en la actualidad nos encontramos en una situación que podríamos calificar de "estable", "placentera", "confortable".

De cualquier manera, estoy segura de que tu lista de actividades y deseos cada vez es más larga, por lo que es necesario descubrir los siguientes secretos y aprender a pedir, a decretar, a obtener más, mucho más de lo que hasta este momento hemos logrado. Es decir, a tener abundancia.

Es momento de pintar el cuadro de tu vida y definir a dónde vas.

> *Soy valioso. Soy merecedor. Me realizo.*
> *Mi vida es como la sueño, pienso y visualizo.*

7

¿QUIÉN VA CONMIGO?

Elijo quiénes me acompañan en mi travesía

Me he dado cuenta que la pregunta que me hacen con mayor frecuencia es "¿por qué no encuentro a mi pareja ideal?"

Para encontrar el amor, antes que nada debes amarte a ti mismo.

Has aprendido a conocerte, ya sabes quién eres, cuáles son tus valores y tus virtudes, y estás en el proceso de convertir tus debilidades en fortalezas. Cada día te conoces más, cada día te amas más, cada día reconoces más tus cualidades y las enalteces. Eso se refleja en tu actitud y quienes te rodean lo han percibido. Algunos todavía se muestran sorprendidos por el cambio y te miran extrañados, otros lo han tomado simplemente como un paso en tu desarrollo como persona y se sienten tranquilos, pues tu transformación los beneficia: verte sonreír, escucharte hablar con afirmaciones, sentir y compartir la paz que de ti emana, los hace confirmar tu valor como ser humano.

Quizá tienes pareja y desearías reavivar el sentimiento de amor que existía en un principio. Quizá vives en soledad y sientes que ha llegado el momento de compartir tu vida con alguien. Es posible que, luego de preguntarte "¿Quién soy?" y de conocer tu interior, tengas el presentimiento (o la seguridad) de que la pareja que hoy tienes no cubre tus necesidades afectivas.

Las relaciones amorosas suelen ser un asunto prioritario para muchos de nosotros. Existe la creencia de que si no tenemos pareja estamos incompletos. En mis cursos, en muchas ocasiones me dicen "Es que si no tengo pareja siento que no estoy completo". Entonces les pregunto "¿Te falta un brazo, una pierna?"

Si lo único que buscamos es llenar ese vacío de cariño y aprobación por parte de otra persona, seguramente consideramos que nosotros mismos somos poco valiosos y poco importantes.

¡Cuidado! Cuando necesitamos que alguien nos complemente, somos codependientes. La codependencia se define como "una condición psicológica en la cual alguien manifiesta una excesiva —y con frecuencia inapropiada— preocupación por las necesidades de alguien más". El codependiente se olvida de sí mismo y se centra en los problemas del otro, "vive" a través del otro. Sus intereses, sus preocupaciones, su razón de ser, están cifradas no en su propia persona sino en su objeto amoroso o afectivo. Con su constante participación en resolver los problemas del otro, cree que de esta forma nunca experimentará el abandono. Muchas mujeres centran su existencia en su marido o en sus hijos. No se percatan de que el respeto a la libertad del otro es el respeto a su propia libertad. Y esto no significa que a partir de ahora decidan compartir su pareja o que den a sus hijos una libertad que se confundiría con falta de interés o libertinaje. Tampoco se trata de abandonar a la pareja con la que han recorrido un camino importante de su vida. Significa, simplemente, que, al hacer conciente un problema de codependencia, intentarán superarlo para encontrar la armonía y valorarse como seres humanos, en toda su inmensidad y con todo lo que son capaces de lograr. Significa que, a partir de hoy, impondrán límites. Límites marcados por su crecimiento y desarrollo personal:

Soy una persona valiosa, he encontrado mis objetivos
y estoy dispuesta a realizarlos.

La mayoría nos enamoramos de alguien que no posee ni el mínimo indispensable de las características que buscamos en una pareja. Entonces, lo más sencillo —pensamos— es cambiar su carácter, sus intereses, sus gustos, su forma de vestir, de caminar, de peinarse. En una palabra, su esencia.

En mis conferencias, y para ejemplificarlo claramente, realizo un ejercicio que resulta aleccionador y divertido. Pido a alguien del público, un hombre, que suba al estrado, y le digo: "¿Sabes qué? Estoy enamorada de ti. No sé por qué pero por ti siento un amor profundo, me encantas, te adoro. Quiero casarme contigo, quiero compartir mi vida entera contigo. Pero, sólo te voy a pedir un favor, ¿podrías tener los ojos azules en vez de cafés?"

Todos reímos porque, de alguna manera, nos vemos reflejados. Amamos profundamente a alguien pero desearíamos que fuera de otra manera.

Y lo mismo sucede con nuestros hijos. Los amamos incondicionalmente pero quisiéramos que fueran... como nosotros.

Vivimos la vida queriendo cambiar a los demás, cuando lo que necesitamos es cambiar nosotros mismos. Porque sólo de esta manera lograremos establecer relaciones constructivas y positivas.

Uno de los secretos para decidir quién nos acompañará en nuestro viaje mágico, es el respeto. Podríamos pensar que el respeto parte de la premisa "no hagas a los otros lo que no quieres que te hagan a ti". Esta frase encierra una gran verdad. Pero el respeto comienza en uno mismo, en el reconocimiento de que cada uno de nosotros es un ser único que posee una fuerza vital interior. No podemos exigir consideración y respeto de los demás hacia nosotros si antes no hemos aprendido a respetarnos. Sólo así es posible respetar a los demás y recibir lo mismo de su parte.

Dicen los maestros que hay una parte de nuestra vida que está predestinada. Tú decides, a través de un contrato sagrado, venir a esta vida. Y decides a qué círculo, a qué entorno familiar llegarás. Antes de arribar al mundo, tienes un contrato en el que ya está escrito qué tienes que hacer. Ése es un veinte por ciento de la totalidad de tu existencia. El restante ochenta por ciento lo decides tú.

En uno de mis cursos, una participante pidió la palabra: "Terry, tengo un novio al que adoro y con quien me llevo de maravilla. Pero hay un pequeño problema. Está casado. Dice que se va a divorciar porque me ama". Le pregunto: "¿Consideras, entonces, que está *medio* casado?" Me responde: "Pues… sí. *Medio* casado porque es conmigo, no con su esposa, con quien se siente feliz". "Se llama *bígamo*", le digo contundente, "…es como decir Mi novio es *medio* ladrón porque roba poquito, o *medio* irresponsable porque a veces no va a trabajar, o *medio* chantajista porque me manipula por medio de la compasión, o *medio* parásito porque vive de mí, o *medio* abusador porque abusa de mi confianza, o *medio*... como quieras definirlo".

Otra participante compartió con todos su experiencia:

"Mi mejor amiga, por lo menos dos veces a la semana me llama por teléfono y me dice *Te vi muy mal, de verdad estás triste, yo creo que las cosas no andan bien con tu marido*". Asombrada, le pregunto: "¿Te das cuenta de que *tu mejor amiga* te quita tu varita mágica al menos dos veces por semana?"

Así como hemos aprendido a reconocer y dar nombres a nuestros valores, nuestras virtudes y nuestras debilidades, daremos nombre a las personas que nos rodean: abusas de mí, eres un *abusador*; me robas, eres un *ladrón*; vives de mí, eres un *parásito*; me manipulas a través de la lástima, eres un *chantajista*; me ofendes, eres un *grosero*; me juzgas, eres un *envidioso*.

Sin pretender cambiar a estas personas, sólo daremos un nombre a sus características, con el fin de alejarnos y dejar que sigan solos su camino.

Preguntemos: ¿Cuánto tiempo daremos a estas personas para estar en nuestra vida? ¿Cuándo les haremos saber que hemos impuesto límites y que para ellos será imposible traspasar las barreras?

El Universo está lleno de opciones. En el banquete, en la fiesta que es tu vida, puedes pedir de todo.

Hagamos a un lado a los aguafiestas que nos aconsejan "No te hagas ilusiones, no es tan fácil", "Nadie lo ha logrado, ¿por qué crees que tú sí?", "Te recomiendo que no pierdas tu tiempo". Estos aguafiestas son tumba-sueños profesionales, se dedican a arrebatar la varita mágica de quienes se atreven a externar sus planes y deseos. Debemos reconocerlos a cada momento y alejarlos de nuestra vida.

En este sendero de magia y secretos, debes recordar que cada instante significa una elección y que, por más insignificante que te parezca, aquello que eliges puede cambiar el rumbo de tu destino. Por eso es importante vivir en conciencia.

La vida es un banquete.
La mesa está puesta
con platillos deliciosos
para que tus invitados
compartan contigo.
¿A quiénes invitarás a tu fiesta?

8

RELACIONES EMPODERADORAS

En la medida que fortalezco mi autoestima
dejo de juzgar a los demás

Establecer buenas y sanas relaciones personales es una de las prioridades para cualquiera. Sean familiares, de amistad, de amor o de trabajo, significan un alimento en nuestra vida.

Sin embargo, generalmente nuestra percepción de los demás parte de la actitud que nosotros mismos tenemos frente a los demás, y no de la actitud que los demás tienen frente a nosotros. Es decir, casi siempre nuestros principios, valores, ideologías, creencias, en una palabra, nuestra interpretación del mundo, se antepone a las relaciones que establecemos con nuestros semejantes.

Desde hoy trabajaremos en lograr relaciones empoderadoras. En el camino de crecimiento y conciencia que hemos elegido, ayudaremos a otros a fortalecerse personalmente.

En el capítulo anterior hablaba del respeto. Decía que para respetar a los demás, lo primero que se necesita, es respetarse uno mismo. Cuando hemos logrado sentir respeto hacia nosotros mismos, por nuestro pasado, presente, por lo que hemos elegido en la vida, por nuestros pensamientos y sentimientos y por la transformación que estamos viviendo, es posible respetar a los demás.

¿Cómo lograrlo? Observando a los demás, a quienes te rodean, tanto a aquellos que han convivido contigo durante años como a los recién conocidos. Observando con la mente abierta, sin prejuicios, haciendo a un lado las opiniones que tenías sobre ellos, descubriendo nuevas características, tratando de indagar cuáles son las causas que los llevan a ser agresivos, inseguros, tímidos, solitarios. Y, sobre todo, descubriendo sus capacidades, talentos, cualidades.

En la medida que reconoces los valores de quienes te rodean, tu actitud hacia ellos se transforma automáticamente en una actitud de respeto.

Y la gente responde de la misma forma. Porque es muy probable que los demás no se hayan percatado de sus propias virtudes y que su autoestima se encuentre minimizada. Entonces, el hecho de que tú te relaciones con cada uno de ellos de una manera especial, reconociendo, admirando y resaltando sus aptitudes, haciéndoles saber que para ti son importantes, permite su propio crecimiento, la recuperación de su autoestima y el establecimiento de relaciones empoderadoras.

Cuando te conviertes en un ser amable, recibes de los demás sólo amabilidad. Hazles saber que son importantes para ti, que en tu vida son necesarios. Diles que los quieres, que son valiosos, que ves en ellos un potencial enorme.

Todos somos uno mismo. Establezco relaciones de amor y amistad con los demás. Acepto mis cualidades y hago saber a los demás las suyas. Vivo en armonía con quienes me rodean.

9

CREENCIAS LIMITANTES

La vida no es sólo de encontrarse a sí mismo
sino de crearse día con día

Otro gran secreto. La mayoría de las personas tenemos cientos de creencias limitantes. Lo ideal sería que desde el día que nacemos, alguien nos susurrara constantemente al oído:

Bienvenido, pequeño, al planeta Tierra. Todo lo que quieras ser, hacer o tener, es posible. Eres un magnífico creador y estás aquí por tu poderoso deseo de venir a este mundo. Recuerda siempre que eres merecedor de salud, amor, abundancia y éxito. Avanza, dando pensamiento a lo que deseas, atrayendo experiencias de vida para ayudarte a decidir qué quieres y tener un camino lleno de luz y felicidad.

Desde ese momento, nuestro subconciente estaría programado para entender que somos merecedores de todo.

Es el consejo que doy a quienes van a ser padres y a quienes ya lo son. Este texto puede estar en la pared de la recámara del bebé. Aun cuando el pequeño no puede leer el mensaje, ya tiene una afirmación primaria en su desarrollo. Y, de seguro, crecerá con menos creencias limitantes que la mayoría de las personas.

Si un niño crece con afirmaciones será un adulto fuerte y exitoso, sano y seguro de sí mismo. De forma automática atraerá a su vida abundancia, pues eso es lo que ha aprendido. Si, por el contrario, desde pequeño escucha que puede enfermarse fácilmente porque es frágil, que todo es malo y dañino y que es mejor quedarse en la cuna, crecerá repitiendo los patrones que sus padres —quienes viven atemorizados—, le han inculcado.

Hace unos días, en la clase de natación de mis nietos, escuchaba la conversación de un grupo de madres jóvenes cuyos hijos tenían entre seis y diez años:

- "Hoy no traje a mi hijo el mayor, ya sabes, sigue con una gripe tremenda y tomando antibióticos".
- "Pues yo ya soy parte de la nómina del pediatra, ¡voy cada semana!"
- "Esta mañana llamé al colegio de Andrés para decir que el salón es un foco de infección, unos a otros se contagian".
- "Mi hija apenas está saliendo de la bronquitis"
- "Es que hay un rotavirus tremendo que afecta hasta los oídos".

Después de escucharlas, me atreví a decirles:

- "Una gran parte de las enfermedades que padecen sus hijos son creencias".

Todas se mostraron asombradas pero me escucharon con atención. Entonces seguí:

- "¿Ustedes pertenecen al grupo de personas que aseguran que una vez al año, en época de frío, deben resfriarse? Han transmitido esa información a sus hijos toda su vida. En vez de eso, hay que decirles "Eres sano y fuerte, tu cuerpo es tu templo y le prohíbe la entrada a los virus, vas a poder ir a clase de natación". La vida es de opciones. Debemos promover que niños y jóvenes sepan que pueden elegir tener una mejor calidad de vida".

Para el siguiente curso, todas ellas se habían inscrito.

¿Y los adultos? ¿Qué repetimos? "Estoy agotada", "Tengo depresión", "Estoy en la edad de la menopausia", "Tengo vista cansada".

Aquí relato mi caso en particular.

Hace unos años —después de tener una perfecta visión durante toda mi vida— al leer comencé a ver borroso. En una reunión hice el comentario y mis amigas dijeron: "Bienvenida al club de la vista cansada". ¡Clic! Me cayó el veinte. Por supuesto, si al subconciente le decimos que la vista ya se cansó ¿qué le sucederá a nuestra vista después de escuchar este mensaje? Simplemente, se cansa. Ese mismo día me propuse que jamás usaría anteojos. A base de afirmaciones reprogramé mi disco de viejas creencias y comencé a decir: "Cada día veo mucho mejor, ya dejé de ver borroso, leo bien y con facilidad".

En mis cursos digo a mis alumnos: "¿Perdieron la memoria? ¿Dónde la perdieron? ¡Vayan y encuéntrenla!" Hay que ejercitar todos los órganos que conforman nuestro cuerpo. Repasar uno a uno, principalmente aquellos que nuestras viejas creencias califican como "dañados", imaginarlos funcionando a la perfección y decidir que se mantengan en óptimas condiciones.

"Si después de los sesenta no te duele algo, es que estás muerto", es una frase que con frecuencia dicen los que se acercan a esa edad o ya la pasaron. Es, evidentemente, una creencia limitante, que nos programa para que, a partir de esa edad, comience a dolernos no "algo" sino "todo".

Repasemos algunas creencias limitantes que nos han sido inculcadas desde nuestra infancia:

- No puedo hacerlo, es muy difícil
- Estoy muy viejo para eso
- No debo pedir más, me conformo con lo que tengo
- El dinero no cae de los árboles
- No merezco lo que tengo
- Soy pobre pero honrado
- Los hombres no lloran
- ¿Qué pensarán de mí?
- Todas las mujeres son iguales (excepto mi mamá)
- Las mujeres son menos inteligentes que los hombres
- Las mujeres no son buenas administradoras
- No hay hombres disponibles, todos están casados
- Esto me tocó vivir
- No hay trabajo
- La felicidad dura muy poco

Las creencias limitantes tienen que ver con todo lo que hacemos y deseamos: amor, salud, éxito, abundancia, felicidad.

Nuestro subconciente las ha integrado de una manera muy efectiva a nuestro interior y nos ha hecho creer que un cambio es imposible, que hay cosas que nunca podremos tener y que no es aceptable dejar nuestra zona de confort para buscar nuevas experiencias. En el momento en que decimos "No puedo", estamos entregando nuestro poder al miedo, la inseguridad y las viejas creencias. Las opciones están ahí, frente a nosotros, pero si seguimos atados a nuestras creencias limitantes ni siquiera las veremos.

Cuando decidí formar mi propia empresa, tuve que enfrentarme a muchas creencias limitantes, provenientes tanto de mí como de los demás: "Es muy difícil que una mujer tenga una compañía", "No tienes una imagen reconocida", "Sin una solvencia económica que te respalde, quebrarás", "Ni se te ocurra contratar a una secretaria, no vas a tener con qué pagarle". A contracorriente, comencé a impartir cursos gratuitos a tres o cuatro personas en la sala de mi casa. Luego tuve que alquilar un pequeño salón. A los pocos meses, me encontré dando conferencias en grandes auditorios. Diariamente recibo correos electrónicos de personas que leen mis libros o asisten a mis cursos, que yo personalmente respondo. Cada una de esas personas forma parte de mi círculo energético y juntas tejemos redes para ayudar a otros a llegar a la conciencia y a hacer de su vida una historia empoderadora. Hoy, gracias a mi empresa, puedo ir a ciudades diversas a impartir cursos, distribuir mis libros y tener tiempo para escribir. Las viejas creencias han sido desechadas.

En mis cursos he notado que muchas de las creencias limitantes provienen de nuestra relación con el dinero, cuyo origen se encuentra en la programación que tenemos desde niños.

Durante una sesión, un joven compartió su experiencia sobre este tema: su padre había sido un hombre rico pero era muy poco generoso porque tenía miedo a la quiebra. Él creció pensando que tener mucho dinero no era bueno porque la vida, irremediablemente, tarde o temprano cobraría esa factura. Su padre, es de adivinarse, terminó en la quiebra. Y él, a pesar de ser un hombre exitoso en los negocios, vivía con serias limitaciones. Le dije convencida: "¿Serás capaz de creer que sucede todo lo contrario, que la abundancia que en el mundo existe sólo está esperando que tú la pidas para llegar a ti? Tu padre terminó en la quiebra porque se había programado para ello. Pero tu historia no es la suya. Comienza a transformar tu vida y a forjarte una historia empoderadora. Acepta que eres merecedor de la abundancia y que está bien tener dinero. De ti dependerá que pases la gran prueba de mantener el equilibrio y saber retenerlo y acrecentarlo".

¡Atención! Cuando digo "retenerlo", me refiero a gastarlo con mesura pero siempre con generosidad. Primero debemos llenar nuestra copa y luego ayudar a otros. La vida nos pone a prueba. El dinero es poder y es verdad el dicho "Dale a un hombre un gramo de poder y lo conocerás". Es necesario aprender a mantener el equilibrio y la humildad. Cierto es que hay buenas épocas y otras no tan buenas. Pero cuando el dinero falta o es menos abundante hay que aprender a fluir y confiar absolutamente en que llegará a nosotros.

La "conciencia de prosperidad" se desarrolla si entendemos que las oportunidades existen por miles, por millones, y que sólo basta abrir nuestra mente y nuestro corazón para descubrirlas y vivir en consecuencia. Depende de nosotros desechar de una vez por todas la "conciencia de escasez", la que nos limita a recibir todo aquello de lo que somos merecedores porque nos recuerda las dificultades, los problemas y las frustraciones.

Tu propio éxito depende de ti, no de los otros.

Una vez que tu ser interno se siente merecedor para obtener lo que deseas, dejando atrás las culpas y las creencias limitantes, la ley de atracción entra en marcha a tu favor y las cosas llegan como lluvia de estrellas. Si te enfocas en tus debilidades y carencias, el Universo te devolverá un mundo de escasez en todos los aspectos. Si vives apresurado diciendo que te falta tiempo, nunca tendrás el tiempo necesario para llevar a cabo tus proyectos. Si piensas que el éxito está fuera de tu alcance, difícilmente llegarás a él. Si te quejas constantemente de tus características físicas que consideras defectos, automáticamente atraes ese sentimiento y lo proyectas.

Se llama "zona de confort" o "cuadro de confort" el lugar o la situación en la que nos encontramos seguros: la casa, la escuela, el trabajo, la familia, la pareja, el círculo de amigos, los lugares donde somos bien recibidos, los ambientes en los que nadie nos cuestiona nada. Generalmente hacemos todo lo posible para que todas nuestras actividades estén incluidas en esa zona de confort, pues creemos que salir de ella puede resultar riesgoso y, en ocasiones, altamente peligroso. Preferimos no hacer preguntas del tipo ¿Me siento feliz en este trabajo? ¿Sería capaz de cambiar de empleo? ¿Realmente quiero seguir con esta pareja? Porque nos parece más cómodo continuar como estamos, "de los males, el menos", "más vale malo por conocido que bueno por conocer".

Y nos resistimos al cambio.

Todos los pensamientos en verdad sabios ya han sido pensados miles de veces, pero para hacerlos nuestros debemos pensarlos de nuevo sinceramente, hasta que echen raíces en nuestra experiencia personal.

Esta frase, escrita por el pensador alemán Goethe, nos lleva a reflexionar acerca de la posibilidad de transformar nuestras creencias, incluso aquellas que suponemos incuestionables.

Al lado de cada creencia limitante existe la creencia positiva:

CREENCIAS LIMITANTES	NUEVAS CREENCIAS
Es imposible tener nuevos amigos	Es muy fácil hacer nuevos amigos
No hay manera de tener más dinero	Existen por descubrir muchas formas de hacer dinero
No podré destacar en mi profesión	Estoy en el camino de alcanzar el éxito profesional
Nadie me contratará a esta edad	Mi experiencia es invaluable, todas las empresas quieren contratarme
No tengo tiempo para realizar este proyecto	Tengo todo el tiempo para planear y desarrollar este proyecto
No merezco lo que tengo	Merezco todo lo que tengo y también lo que sueño tener
Nunca encontraré una pareja que me comprenda	Estoy a punto de conocer a la pareja que siempre he deseado

Haz tu propia lista de creencias limitantes, escribe frente a ellas las nuevas creencias. Ten a la mano esta lista para que día con día la revises, la renueves o la confirmes.

¿Cómo reprogramar nuestras viejas creencias? De la misma manera en que nos fueron impuestas: a través de la repetición. Así como de pequeños aprendimos a leer, a sumar y a multiplicar, a partir de repeticiones y constancia, iremos integrando a nuestra mente nuevas creencias, aquellas que nos acerquen a nuestros objetivos. Al mismo tiempo iremos desechando las viejas creencias que, aun cuando han echado raíces en nuestro subconciente, sabemos que debemos hacer a un lado porque nos dañan y nos impiden crecer y desarrollarnos.

Este ejercicio se equipara a la limpieza que hacemos cuando decidimos cambiar por completo el aspecto de nuestra casa: cambiamos de lugar los muebles o los regalamos o vendemos, pintamos las paredes, ponemos objetos, lámparas y adornos diferentes. Y aunque muchos de esos objetos o muebles signifiquen mucho para nosotros, sabemos que los nuevos se verán mejor y nos sentiremos bien viviendo con ellos.

Antes de que las nuevas creencias se hagan realidad o se materialicen, debemos incluirlas en nuestra mente, repetirlas a diario y en todo momento, para al final creerlas y saber que son ciertas.

Como todo, este proceso requiere tiempo y dedicación. Además, te darás cuenta de que las viejas creencias, las ideas que estás tratando de desechar y cambiar, se aferran a seguir en tu subconciente, aconsejándote que no hagas nada por cambiar, que no vale la pena, que estás mejor si te quedas ahí donde estás, en tu zona de confort. En ocasiones sentirás que tienen razón, que no hay por qué transformar nada, que es más cómodo seguir como estabas. Cada nueva idea, cada nueva creencia, es como el retoño de una planta: hay que cuidarlo, protegerlo, alimentarlo. Y esto lleva tiempo y esfuerzo.

Para que una nueva creencia pueda florecer e implantarse en nuestra mente, debemos repetirla diez, veinte, treinta veces al día durante siete, ocho, diez semanas o más si es necesario. Los resultados serán sorprendentes.

Identifico mis creencias limitantes y las reprogramo. Desde hoy, mi subconciente recibe mis nuevas creencias, aquellas que me llevarán al éxito y la felicidad en todas las áreas de mi vida.

10

Sentimientos limitantes

Nuestra percepción es nuestra realidad y nuestra realidad es nuestra percepción

De la mano con las creencias limitantes van los sentimientos limitantes. El hecho de descubrirlos nos brinda la oportunidad de transformarlos en sentimientos positivos.

Los sentimientos limitantes o negativos también suelen hacernos sentir cómodos en nuestra zona de confort: llámense miedo, tristeza, nostalgia, angustia, desconfianza, coraje, envidia o rencor, hemos aprendido a manejarlos y a relacionarnos con los demás a través de ellos. Algunos de nosotros, aun cuando sabemos que no es bueno tener sentimientos limitantes, nos hemos vuelto unos perfectos manipuladores y logramos que amigos, conocidos y familiares, sientan culpa o compasión hacia todo lo que nos sucede. A veces resulta más fácil vivir en la zona donde somos víctimas frágiles y llenas de miedo porque todos escuchan atentos nuestra historia de desamor, derrota y desamparo. Ahí nos sentimos protegidos, sin darnos cuenta de que son otros los que tienen el poder sobre nuestras debilidades y nuestros temores.

Hemos llegado a creer que en verdad somos miedosos, tristes, malhumorados, iracundos, envidiosos, y hasta llegamos a bromear y a burlarnos de estas características que, según recordamos, nos han acompañado a lo largo de nuestra vida.

Sin embargo, seamos sinceros, estos sentimientos no nos hacen felices.

De la misma forma que ubicamos las creencias que nos limitan a crecer, ubicaremos los sentimientos que nos impiden desarrollarnos para transformarlos en sentimientos positivos. Haremos un listado de los sentimientos limitantes, luego los iremos sacando de la zona de confort y estableceremos un diálogo con cada uno de ellos.

Un ejemplo sería: ubicas el miedo. Lo tomas con tu mano, lo sostienes frente a tu cara y le dices "Hola miedo, te invito a platicar, ¿por qué estás en mi vida?, ¿quién eres y qué quieres de mí? Debo conocerte para poder liberarme de ti. ¿A qué le temo?, ¿a equivocarme?, ¿a que me critiquen y me juzguen?, ¿al fracaso?, ¿a sentirme solo?"

Poco a poco irás entendiendo que este sentimiento puede cambiar si tienes contigo tu varita mágica y estás dispuesto a ser más fuerte que ese sentimiento que por años ha manejado tu vida.

Luego abres tu mano y sueltas el sentimiento, diciendo "Te dejo ir, tan lejos como sea posible, en tu lugar elijo la confianza".

Para transformar los sentimientos negativos debemos encontrar un sentimiento positivo que tenga una alta frecuencia vibracional. En el caso del miedo, es la confianza. Desde hoy decides que cada paso que des será en tu beneficio. En vez de sentir miedo al fracaso, entenderás que todo en la vida implica un riesgo y lo asumirás confiando en que el resultado es perfecto.

Si sientes angustia, tómala en la mano, platica con ella y transfórmala en alegría. Si sientes inseguridad, la certeza de que estás actuando en conciencia eliminará ese sentimiento negativo y en su lugar aparecerá la seguridad. La pereza es un sentimiento que no nos permite avanzar, debemos convertirla en la sensación de tener siempre energía para crear y vivir todo lo que nos ofrece la vida. La ira es quizá uno de los sentimientos más desgastantes energéticamente hablando. Para transformarla debemos practicar el perdón.

Y aquí me detengo para que pienses en el gran valor del perdón. Perdonar es entender que nada de lo que nos sucede es casual. Si alguien nos provoca ira o coraje, seguimos regalando nuestro poder a esa persona, a la situación y, sobre todo, al sentimiento. Perdonar es soltar, dejar ir, sin que esto signifique olvidar. De la misma forma que tomamos un sentimiento para soltarlo lejos de nosotros, tomaremos en la mano a la persona y le diremos: "Tú, igual que todos los que me rodean, vienes a mi vida por una razón y por un tiempo determinado. Agradezco tu presencia en mi vida aun cuando no logro identificar por qué y para qué llegaste. Hoy te suelto y te irás al Universo como una estrella de luz. Te deseo un buen viaje y una buena vida. Te perdono".

El amor es el sentimiento que posee la energía más alta en la escala vibracional. Si en algún momento piensas que te hace falta un sentimiento positivo para contrarrestar a uno negativo, elige el amor. Llenará tu ser de luz y de energía positiva y te mantendrá siempre en una alta frecuencia.

El amor, la confianza, la fe, el perdón, la seguridad, la templanza, la paciencia, la dignidad, la alegría, son algunos de los sentimientos que debes elegir para sentirte digno de recibir todo aquello que pides y decretes. Tener un espíritu positivo es sinónimo de vivir inspirado. Quienes viven inspirados, diariamente crean algo nuevo y avanzan.

Es muy probable que, al inicio, los sentimientos negativos se hagan presentes una y otra vez. Con la práctica, este ejercicio se convertirá en un hábito hasta lograr transformar los sentimientos negativos en positivos en unos cuantos segundos.

Como puedes ver, todo es un juego. Si aprendes a verte a la distancia, desde tu yo observante, todo lo que te limita a ser feliz se volverá muy pequeño.

Abre tus alas y vuela gozando el viaje. Comienza a sentirte mejor. Encontrarás que, al transformar tus sentimientos, la seguridad y el amor por ti mismo crecen en la misma medida que crece tu autoestima. Sabrás que estás haciendo los cambios correctos y al amarte serás digno de ser amado.

Este secreto confirma la ley de atracción. El Universo siempre igualará o aumentará tu sentimiento. Si sientes miedo atraes miedo. Si sientes amor, atraerás más amor y te convertirás en un ser de luz pleno y a tu vida llegará abundancia en todos los sentidos.

En la escuela de la vida debemos analizar qué sensaciones tiene nuestro cuerpo con cada sentimiento negativo: ¿qué me duele cuando siento ira?, ¿la espalda?, ¿la cabeza?, ¿qué siento cuando tengo angustia?, ¿dolor de estómago?, ¿me falta la respiración?, ¿dónde siento los celos, la inseguridad, el miedo?

Las emociones nos informan sobre cómo procesa nuestra estructura energética cada uno de los sentimientos. Hay que saber escucharlas, porque gracias a este conocimiento podremos cambiar más fácilmente los sentimientos que nos perjudican. Así, las personas o los sucesos que nos provocan coraje, resentimiento, angustia, dolor, son —después de todo— un vehículo para conocer nuestras emociones y sentimientos. Tú eres la razón de las emociones y los sentimientos que te benefician o perjudican, no las circunstancias o las personas. No puedes cambiar a las personas que te dañan pero sí puedes cambiar tus emociones frente a ellas y decidir si continúas con esa relación o la haces a un lado.

Conocer tus emociones te permite analizar a fondo tus sentimientos para iniciar la transformación.

Reprogramar los sentimientos negativos para hacerlos positivos es sumamente poderoso. Te libera incluso de enfermedades.

El malestar proviene de los sentimientos negativos que llevamos dentro y no hemos logrado identificar y sacar de nuestra vida. Los sentimientos suelen manifestarse de manera física. Si sentimos tristeza tenemos literalmente un nudo en la garganta o un fuerte dolor nos oprime el pecho. Un dolor de rodilla o de pierna puede estar relacionado con no atrevernos a dar un paso importante hacia lo desconocido. Un dolor en la mano o el hombro podría ser un aviso de que es necesario soltar aquello a lo que nos hemos aferrado porque ya no nos sirve para continuar.

Cuando sientas dolor, localízalo y coloca encima la palma de tu mano. Después, pregúntate: "¿Qué me duele?, ¿qué hay detrás de este dolor?, ¿acaso es algo que he guardado por mucho tiempo, es rencor hacia alguien, coraje, envidia?" Frota esa área con movimientos circulares y repite: "Suelto lo que no me pertenece, tengo ubicado el dolor y también el sentimiento que lo provocó".

Existen muchos métodos para curarse a uno mismo y para curar a otros con energía. La meditación, el reiki, la energía universal, son algunos de ellos. Otros, probados incluso en hospitales tradicionales, incluyen el buen humor, la risoterapia y el tratamiento de la depresión como métodos efectivos de curación.

La auto-sanación ha sido probada durante miles de años con resultados excelentes. Existen cientos de testimonios en los que pacientes con cáncer y otras enfermedades crónicas, después de hablar diariamente con su cuerpo y visualizar cómo sus células y sus anticuerpos destruyen tumores y reparan órganos, logran una salud total.

Nuestra salud es responsabilidad nuestra. Somos parte activa en la conservación y el mantenimiento de una buena calidad de vida. Te has convertido en un sanador. Comienza por sanarte a ti mismo.

> Identifico los sentimientos negativos.
> Los suelto y me libero de ellos.
> Yo creo mi propia realidad y desde hoy
> comienzo a sentir amor,
> alegría y confianza.

II

CREATIVIDAD

*La imaginación no tiene límites. Cualquier
idea que la mente concibe puede lograrse.*

La creatividad, característica inherente de todo ser humano,
no es asunto sólo de poetas, pintores, músicos y bailarines.
También una ama de casa que brinda a su familia, cotidianamente, platillos deliciosos en los que mezcla sabores y
colores, un vendedor que va más allá de lo establecido para
ofrecer su mercancía a sus clientes, un maestro que renueva
año con año su clase o un entrenador que descubre formas
innovadoras de motivar a los deportistas, utilizan la creatividad en su trabajo y para relacionarse con los demás.

La creatividad es la producción de nuevas ideas, en todos
los ámbitos de la vida, para llevar a cabo cualquier actividad
y superar cualquier reto.

Muchos de nosotros creemos que no somos creativos.
Seguramente eso nos dijeron de pequeños y lo creímos al
grado de permanecer pasivos frente a todo lo que sucede a
nuestro alrededor y en nuestra propia vida.

Para ser creativos no basta con estar abiertos y decididos a
aceptar nuevas ideas. Debemos buscarlas activamente, con-
vertirnos en investigadores, exploradores, inventores, aventureros, y así descubrir las múltiples opciones que se presentan

ante nuestros ojos. No te cierres a un solo camino porque las oportunidades, muchas veces, llegan por senderos inesperados. Cuando pienses que sólo existe una opción, date cuenta de que no estás siendo creativo. Usa tu imaginación para crear nuevas formas de vivir y de relacionarte con los demás.

12

DECRETOS

Hoy voy a pedir un deseo —dijo Alicia a la reina.
—¿Uno? —respondió su majestad. —Me parece muy poco, yo suelo pedir más de seis cada mañana antes del desayuno.

LEWIS CAROL, *Alicia en el país de las maravillas*

Desear es un gran acto creativo. Desear es tener una o muchas esperanzas. Tal vez hemos escuchado que no se puede vivir de esperanzas. Sin embargo la esperanza es lo que mantiene a nuestra mente activa y nuestro estado emocional optimista y alegre. Es un asunto absolutamente personal que significa estar dispuestos a tener fe, a creer, a saber con certeza que la magia y los milagros existen.

¿Te imaginas a los grandes inventores, a los famosos investigadores, pacifistas, escritores, líderes, estadistas, triunfadores en cualquier aspecto del quehacer científico o intelectual, sin esperanzas? Todos ellos tuvieron, en un principio, una idea, una esperanza, que con el tiempo se convirtió en una realidad palpable.

Pasar de la esperanza al deseo requiere sólo de la decisión y de la acción.

¿Qué es un decreto? Es una afirmación. También es una ley. ¿Sabes que cada frase que afirmas contundentemente es un decreto?

Si dices "Nunca encontraré trabajo", o "Sigo buscando trabajo sin encontrar", es un decreto. Afirmaste que nunca encontrarás trabajo y, en efecto, te será difícil encontrar. "Nunca me voy a casar, nadie quiere tener un compromiso". De seguro se te acercarán sólo quienes no quieren establecer un compromiso. Ya lo decretaste.

Con tu yo observante, desde hoy tendrás más cautela al hacer afirmaciones porque todo lo que expresas se confirma y materializa.

"Ten cuidado con lo que deseas porque se dará", reza una advertencia.

Hace unas semanas, en su fiesta de cumpleaños y frente a seis velitas prendidas en el pastel, uno de mis nietos preguntó a su papá: "¿Qué es un deseo?" Hermanos, primos, tíos, abuelos, le aconsejábamos a gritos: "¡Pide un deseo!" "¡Sopla las velas!" "¡Pide un deseo!" "¡Sopla las velas!" Me remonté a mi niñez y dudé si a esa edad, con la emoción del momento, habré sabido con certeza qué quería.

Me acerqué a mi nieto y le dije: "Te voy a enseñar a pedir deseos y desde hoy, aunque no sea tu cumpleaños, pedirás diez deseos al día". "¿Y se cumplen?", me preguntó. "Sí, todo se cumple y llega en el momento exacto siempre y cuando sigas soñando, visualizando y pidiendo con el corazón".

Ciertamente, existe un Ser Supremo dentro de cada uno de nosotros que está dispuesto a escucharnos para lograr todos nuestros deseos. El secreto está en aprender a utilizar ese poder. En conexión con Ser Supremo, el Universo nos provee de abundancia en la salud, el éxito, el amor, el conocimiento, las relaciones y el dinero.

Tú puedes aprender a pedir y tus deseos serán concedidos si creas el hábito de elevar tu autoestima mediante las siguientes afirmaciones:

Soy merecedor de toda abundancia
Estoy abierto a recibir todo aquello que pido

Uno de los secretos para que una afirmación positiva se haga realidad es la repetición. Porque las frases y las imágenes que hemos hecho de esa afirmación, al repetirlas persistentemente, pasan a formar parte de nuestras creencias luego de que nuestro subconciente las ha adoptado como propias.

Existen varias formas de hacer decretos positivos y atraer a tu vida lo que deseas. Lo más importante es decir qué quieres, cómo, cuándo, por qué y dónde. Mientras más directo, claro y contundente sea tu mensaje, será más efectivo.

En mis cursos, para que los alumnos se den cuenta de qué tan importante es ser precisos, les pregunto "¿Qué quieren? Piensen bien lo que van a pedir, tienen un minuto".

Pasado ese tiempo levantan la mano:

—Quiero amor…
—Muy bien. Te regalo una mascota que te dará muchísimo amor.
—Quiero una casa…
—Ya la tienes, está en la parte más alta de una montaña, sólo se puede llegar a ella caminando y no tiene baños ni drenaje.

—Quiero una pareja…

—Ya la tienes, acabas de conocerla por Internet y vive al otro lado del mundo.

—Entonces… ¡¿Cómo debo pedir?!

Con la experiencia he notado que para los decretos funciona muy bien el contraste. Si sabes qué es lo que NO quieres, te será muy fácil saber lo que deseas.

Un cuadro de contraste es aquel en el que escribes, sobre un deseo en particular, lo que NO quieres y lo que SÍ quieres.

Pongamos un ejemplo: deseas una pareja. En el lado izquierdo de tu cuadro de contraste escribirás las características que NO te gustan. Del lado derecho, lo que SÍ te gusta:

Cuadro de contraste de relación amorosa

LO QUE NO QUIERO EN UNA PAREJA	LO QUE SÍ QUIERO EN UNA PAREJA
1. No es atento conmigo y mis amigos	1. Es atento conmigo y con mis amigos, a todos les cae bien
2. No le interesa mi trabajo	2. Siempre pregunta por mi trabajo, se interesa por todo lo que hago
3. Es egoísta y sólo piensa en él	3. Es generoso y piensa en mí y en los demás
4. No le importa su apariencia	4. Se preocupa por verse bien
5. Ve la televisión todas las noches	5. Le gusta leer, ir al cine y salir a cenar, comentamos lo que leemos y nos gustan las mismas películas
6. Es pesimista y aburrido	6. Es divertido y optimista, para cualquier obstáculo encuentra una buena salida
7. Amanece de mal humor	7. Siempre despierta de buen humor

En relación con el trabajo, el cuadro de contraste podría ser el siguiente:

Cuadro de contraste de trabajo

LO QUE NO QUIERO ACERCA DEL TRABAJO	LO QUE SÍ QUIERO ACERCA DEL TRABAJO
1. Trabajo en una oficina ocho horas diarias	1. Mi trabajo consiste en salir a ver clientes
2. No me llevo bien con mi jefe	2. Mi jefe me estima y confía en mí, toma en cuenta mis opiniones
3. No me llevo bien con mis compañeros de trabajo	3. Soy amable con mis compañeros, les agrado y en mi lugar de trabajo hay un ambiente de cordialidad
4. Todos los días llego del trabajo con un gran cansancio	4. Todos los días termino mi trabajo y tengo energía para muchas actividades más
5. No me siento realizado en mi trabajo	5. Me encanta lo que hago, procuro mejorar y esforzarme cada día más
6. Mi salario es muy bajo	6. Mi salario es suficiente y las comisiones por ventas lo elevan más cada día
7. No tengo otra opción, debo permanecer en este trabajo	7. Tengo muchas opciones de trabajo pero deseo mantenerme en éste hasta que cumpla mis objetivos

Y, respecto al dinero, un cuadro de contraste sería:

Cuadro de contraste de dinero

Lo que NO quiero acerca del dinero	Lo que SÍ quiero acerca del dinero
1. El dinero no me alcanza para mis gastos básicos	1. En mi vida el dinero fluye fácilmente y tengo suficiente para pagar mis gastos
2. Las deudas aumentan mes con mes	2. Puedo pagar mis deudas puntualmente
3. La falta de dinero me angustia	3. Tengo confianza en que siempre hay abundancia en mi vida
4. No tengo dinero para mí, menos para ayudar a los demás	4. Confío en la ley de atracción. Lleno mi copa y puedo ayudar a otros
5. No puedo tener más que un ingreso mensual	5. A mi vida llegan ingresos de diversas fuentes, algunas de las cuales surgen inesperadamente
6. Todo lo que quiero es demasiado caro	6. Puedo comprar todo lo que quiero y necesito, a precios accesibles
7. Envidio a la gente que tiene dinero	7. Me alegro al ver a quienes tienen mucho dinero, son una muestra de que es posible lograrlo

Una vez que tengas claro qué es lo que SÍ quieres a partir de tus cuadros de contraste, acerca del tema que sea (dinero, relación amorosa, ejercicio, salud, trabajo, amistades, estudio) te sugiero que escribas tu deseo en una hoja aparte del cuadro de contraste, con todos los detalles posibles. Si quieres una casa, escribirás:

"En julio de este año (poner fecha) ya conseguí un préstamo para adquirir una casa en la colonia Bellavista en la ciudad de Querétaro. Tiene dos recámaras, un estudio, dos baños, una sala comedor, una cocina grande y jardín. Ya vivo en ella. El dinero fluye y me llega para pagarla, en julio del próximo año (poner fecha) ya es de mi propiedad. Deseo esta casa para tener una mejor calidad de vida".

En este decreto estás determinando exactamente lo que deseas (qué, cómo, cuándo, por qué y dónde). Despreocúpate de cómo llegará a ti. El gran secreto consiste en pedir con una intención firme y con la seguridad de que llegará. Después, suelta tu deseo, envíalo con la mente y el corazón al Universo. El Universo se alineará para que se te cumpla.

Luego de formular tus decretos con toda claridad y especificidad, puedes hacer un juego bastante divertido y eficaz:

Enciérralos en un círculo. Por su forma, el círculo tiene una energía muy especial. Escríbelos en un cuaderno, en una hoja suelta, en una servilleta o donde sea. Guarda tus decretos en una carpeta o una caja, "la caja de los deseos". Diariamente puedes hacer los círculos que quieras, sobre el mismo o sobre diferentes decretos. Jamás dejes de pedir. Haz tus decretos con amor y uno a uno se irán dando a su debido tiempo.

"*Act as if*" aconsejan los maestros. "Actúa como si ya fuera". Recuerda que tu decreto es tu realidad, lo expresas porque lo crees, porque lo vives, porque ya es parte de tu subconciente, tu mente y tu corazón. Ya es parte de tu vida.

"¿Puedo decretar por los demás?" me preguntan con frecuencia mis alumnos, refiriéndose principalmente a su pareja o sus hijos. Estoy segura que en este momento ha quedado claro que primero debemos ver por nosotros. Al haber transformado tu vida y tener una alta autoestima, hará que los demás pregunten cómo has logrado ese cambio. Lo único que debes hacer es entregarles las mismas herramientas con las que tú has contado para llegar hasta donde ahora estás.

Los seres humanos tendemos a preocuparnos y ocuparnos de los problemas de los otros más que de los nuestros. ¡Claro! Es más fácil dar consejos que atrevernos a remar nuestro propio barco. Por difícil que resulte, hay que permitir que los demás remen su barco también. Es comprensible que los padres nos preocupemos por nuestros hijos, deseando que su camino sea más fácil. Y lo mismo sucede con nuestros seres queridos. Te sugiero que a tus hijos les des dos cosas: raíces fuertes y alas para volar. Todos tenemos una vida propia, nacemos con información para llevar a cabo una misión y, por ello, cada ser humano debe experimentar sus propias decisiones y enfrentarse a los obstáculos que le toca vivir. De otra manera lo único que hacemos es convertirlos en seres débiles.

Recordemos que "tu percepción es tu realidad y tu realidad es tu percepción". Tú estás en este mundo para lograr que tus deseos y tus sueños se logren. Lo más probable es que la forma en que tú percibes las situaciones y los problemas sea distinta a la forma en que los otros los perciben. Atrévete a vivir lo tuyo y suelta a los demás. Cada uno vive su sendero y tiene un libre albedrío. Dales la oportunidad de crecer sin tu intervención.

Sin embargo, existen situaciones específicas en que es válido pedir por los demás. Todos somos uno. Al crear cadenas de energía se crea una sinergia. Cuando algunas personas necesitan ayuda externa para resolver o aminorar sus penas, podemos concentrarnos y sumar nuestras energías. Un ejemplo muy común es cuando alguien se enferma y te piden que enciendas una vela o reces una oración para su pronta recuperación. Entonces sí debes participar e invitar a otros con el fin de construir una extensa cadena de energía.

En mi caso, cientos de personas me escriben pidiendo que las ayude a que sus decretos se den. Solamente lo hago cuando la razón tiene que ver con su salud o se trata de una causa colectiva.

Hace unos meses, en la ciudad de Tijuana, en el estado de Baja California, se estaba viviendo una situación de violencia. He impartido varias conferencias en esa ciudad y tengo un gran cariño por sus habitantes. Tuve la idea de realizar un experimento metafísico que en otras ocasiones, en varias ciudades de distintos países, ha sido comprobado. Platiqué con un grupo de amigas para que la chispa prendiera y el decreto se detonara. Lo primero sería cambiar el lenguaje que hasta ese momento se utilizaba por doquier: "Estamos viviendo una guerrilla", "no podemos salir de nuestras casas"…

El principal propósito era el de crear paz, ya que el poder más extraordinario radica en estar a favor de algo, no en contra, pues "lo que resistes, persiste". En este caso, no podíamos ir "en contra" de la violencia, sino "a favor" de la paz. Así que me di a la tarea de construir una frase que al final resultó mágica: "Tijuana está en paz".

"Pero, ¿cómo vamos a repetir esa frase, si lo que estamos viviendo es lo contrario?", decían los más escépticos. "Vamos a crear otra realidad", les respondía.

Escribí un correo electrónico cuyo título era "Tijuana está en paz", que contenía instrucciones sencillas:

1. Desde hoy transformarás tu vocabulario y todo lo que digas sobre tu ciudad será en positivo. Debes soltar el miedo y tomar el amor. Esa frecuencia vibracional hará el cambio.

2. Durante una semana, todos los días a las 7:00 p.m. encenderás una vela y repetirás la frase "Tijuana está en paz".

3. Reenvía este correo a todas las personas que conoces, aun si viven en otra ciudad o país. Su energía se sumará y crearemos una sinergia.

Miles de personas, incluyendo autoridades y gobernantes, repitieron esta afirmación. El resultado fue sorprendente. En menos de 48 horas, un ambiente diferente se sentía en esa ciudad. De nuevo, lo importante es atreverse a dar el salto: creer y confiar.

¿Qué pasa cuando un decreto no se da?

Esta pregunta me la han hecho cientos de veces. Yo misma la hacía constantemente cuando comenzaba a hacer decretos y me decepcionaba cuando no se cumplían en el plazo esperado.

Muchas pueden ser las razones por las que un decreto no se da. Repasemos algunas de las reglas para hacer un decreto:

• Las afirmaciones positivas se conforman de palabras en positivo. Las palabras NO, NUNCA, JAMÁS, NADA, NINGUNO, NADIE, serán desechadas de nuestras frases y oraciones. En vez de escribir "Nunca más padeceré de falta de dinero", escribiremos "En mi vida hay abundancia de dinero", en lugar de "Nadie volverá a robarme mi autoestima", diremos "Recupero mi autoestima y me rodeo de gente que me quiere, valora y respeta", en vez de "No me gusta mi trabajo actual", escribiremos "Consigo el trabajo que me gusta y donde me siento realizado".

- Los decretos deben responder a las preguntas QUÉ, CÓMO, CUÁNDO, POR QUÉ y DÓNDE. Los decretos parten de la visualización que hemos hecho de nuestros deseos, mientras más detalles escribamos, serán más claros y precisos.

- Las afirmaciones o decretos dan por hecho que las cosas ya son, que ya están con nosotros, que son parte de nuestra vida. Por ello, usar frases como "Me gustaría", "Yo quisiera", "Lo que más deseo", convierten el decreto en una declaración ambigua, sin tiempo y sin forma. En vez de usar verbos que nos alejan de la materialización de nuestros sueños porque nos obligan a seguir deseando, usaremos los verbos que indiquen, en presente y en primera persona, la acción: "La pareja que tiene tales y tales características ya está aquí, conmigo, me propone matrimonio...", "En marzo del año (poner fecha) termino mi carrera y consigo una beca para estudiar en (poner lugar y escuela)".

- Nuestros decretos son para nosotros y para el Universo en relación con nosotros. Por ello, la forma en que estén redactados debe corresponder a las palabras utilizadas cotidianamente, no a las que creemos que "debieran" utilizarse. Tú eres quien debe entender perfectamente lo que dice tu decreto porque es en tu subconciente donde tus afirmaciones se implantarán.

- La repetición de un decreto es fundamental para que éste se haga realidad. Es posible que un mismo decreto requiera ser escrito muchas veces y de distintas formas. "Cien repeticiones hacen una verdad". Cuando te visualices en tu nueva realidad, puedes apoyarte con fotografías y dibujos de los sitios donde quieres vivir, de los objetos que quieres adquirir. Quizá es necesario encerrar tu decreto en un círculo una y cien veces. Y aquí me detengo para explicar esto que podría parecer una incongruencia. Hemos dicho que una vez hecho un decreto, hay que soltarlo. Al mismo tiempo, hemos dicho que la repetición y la constancia son fundamentales para que tus deseos se cumplan. Ambas acciones y actitudes son perfectamente compatibles. Cuando has elaborado tus decretos correctamente y ya forman parte de tu vida, es decir, cuando estás completamente seguro de que eres merecedor de abundancia y de que estás viviendo en conciencia con tu yo observante, es momento de soltar el decreto al Universo. Él se encargará de cumplir tus deseos quizá de una forma diferente o quizá en un tiempo diferente al esperado. Pero en este punto, debes mantener la confianza en que tus decretos se harán realidad. Recuerda que "paciencia infinita trae resultados inmediatos" y que "el tiempo sólo existe para que no suceda todo a la vez".

¿Cuántos decretos puedes pedir al mismo tiempo? Todos los que desees. Pero ten mucho cuidado. Recuerda el precepto "Pide y te será concedido". En mi experiencia, a un tiempo hice varios decretos. Todos se dieron en el mismo momento: cursos en ciudades fuera de la mía, compromisos familiares y la redacción de mi segundo libro. "Claro —reflexioné— pedí todo lo que en ese momento quería sin dar el espacio necesario". Tuve que reorganizar mi agenda y establecer prioridades.

En el Universo todo tiene una razón de ser. Debes soltar con la seguridad de que aquello que debe ser tuyo, llegará. Deja de aferrarte al decreto, vive el momento sin angustia, fluye y permite que las cosas se den en su momento.

Todo lo que pido se cumple.
Gozo cada instante con la certeza
y la confianza de que todo llega
en el momento preciso.
Suelto mis decretos
y sigo adelante con mi vida.

13

PERMITIR

Abro mi corazón y practico el arte de permitir

Uno de mis secretos más bellos es el de permitir.

Ahora que la magia ha entrado de lleno a tu vida y que conoces las herramientas necesarias para decretar, debes permitir que todo fluya: los sucesos y las personas llegarán a ti en el momento preciso.

Lo más importante para que este paso se dé es estar siempre alerta. Tú estás creando tu realidad. Tu yo observante te avisa a cada momento lo que te sucede. Con amor, gratitud, responsabilidad y conciencia, darás la bienvenida a los acontecimientos.

Ten confianza en que los obstáculos que encontrarás en el camino serán lecciones que te ayudarán a ser mejor cada día. En mi experiencia, cuando estoy a punto de dar un paso hacia delante pienso en una metáfora: me imagino saltando de un trampolín muy alto y cayendo en el agua con la certeza de que nada puede pasarme.

Cuando existe la confianza, el Universo y tu Ser Supremo reconocen este sentimiento y de inmediato —si lo permites— lo intensifican.

Continúa en el aprendizaje, el camino de la conciencia

es infinito. Mantendrás tu mente abierta para aprender de todo y de todos.

Mientras seas estudiante habrá un espacio en tu ser para que la semilla del conocimiento se siembre y dé frutos. Un maestro dijo: "Cuando te mantienes verde, creces; cuando maduras, caducas". Si en tu corazón tienes la seguridad de que cada evento, cada persona, cada lectura, conversación o encuentro tiene algo que enseñarte, podrás utilizar los mensajes y el aprendizaje de manera profunda. Permite que cada uno deje en ti lo que en cada momento necesitas.

Miles de personas se pierden de esta oportunidad tan mágica por dejar de observar, por cerrarse y no permitir que las cosas lleguen.

Permitir es un arte. Se requiere de una autoestima alta para sentirse merecedor de lo que se recibe y dejar que entre a nuestra vida. Cuando en tu vida has hecho un hábito el arte de permitir, todo lo que te llega es como lluvia de estrellas. De pronto encuentras mensajes en cada cosa que recibes.

El maestro está en todas partes. La ayuda, la asistencia que requieras te será dada cuando tengas la voluntad de permitir que se manifieste. ¿Cómo reconocer al maestro? Generalmente es un ser que tiene más experiencia y que está ahí para guiarte en el camino del descubrimiento, del crecimiento de conciencia y la creación de magia. Te confirma que vas por el camino correcto.

El maestro aparece en varias formas: un libro, un artículo de periódico o revista, una persona que llega a tu vida de manera causal.

El maestro llega cuando el alumno está listo. Tú ya estás listo, de tal manera que… adelante: permite que todo aquello que has pedido, llegue. Abre tus alas para recibir, siente que eres capaz de volar.

Ningún ser humano es una isla. Todos estamos conectados. Aprenderás a tejer redes y a unir los mensajes, los aprendizajes y las experiencias para continuar creando magia.

La premisa de la que parten todos los secretos es que hay algo más que lo visible. En otro plano, en otro espacio, distinto a nuestra existencia física, hay un mundo que va más allá de lo que consideramos normal o posible. Es en esta dimensión donde se crea la magia.

Los secretos que ahora conoces son las herramientas para vivirlo.

*Los hechos y las cosas llegan
a mí en el momento preciso.
Permito que todo suceda.*

14

GRATITUD

Tanto la abundancia como la escasez existen simultáneamente en nuestras vidas, como realidades paralelas. Es nuestra elección conciente cuál jardín secreto atenderemos. Cuando escogemos no enfocarnos en lo que hace falta en nuestras vidas sino estar agradecidos por la abundancia que está presente —amor, salud, familia, amigos, trabajo, las dichas de la naturaleza y las búsquedas personales— el páramo de la desilusión desaparece y experimentamos el cielo en la tierra.

SARA BAN BREATHNACH

La gratitud es una virtud que debemos ejercer cotidianamente y en todos los aspectos de nuestra vida. ¿Sueles agradecer el sol que te calienta cada día?, ¿la luz que entra por tu ventana?, ¿el techo que te protege?, ¿los alimentos que conforman tu dieta?, ¿la educación que recibes?, ¿el cariño que te brindan tus amigos?, ¿el paisaje que contemplas?, ¿el aire que respiras?, ¿la lluvia que da vida a los campos?, ¿la belleza de las estrellas, la luna, las nubes, las flores?, ¿la risa de tus hijos?, ¿las cosas materiales que te permiten una mejor calidad de vida?... ¿Cuántas cosas más podemos agradecer?

Quizá tu respuesta sea "No hay tiempo para agradecer todo lo que me sucede en la vida, lo que siento, veo, saboreo, huelo, toco y escucho a diario". En efecto, no puedes pasarte el día pensando o diciendo "gracias sol, gracias luna, gracias luz, gracias café caliente, gracias agua potable, gracias automóvil, gracias clima, gracias…" Pero entender la vida como un regalo divino nos coloca en una situación de agradecimiento, tranquilidad y armonía. Y la gratitud es un sentimiento y un estado de espiritualidad, de apreciación, que todos podemos aprender y hacer crecer en nuestro interior.

Las acepciones de la palabra "gracias", derivada de "gracia", remiten a "los dones del Ser Supremo sobre toda la actividad de la naturaleza, siempre ordenados al logro de la bienaventuranza", "don natural que hace agradable a quien lo tiene", "manifestación del agradecimiento por los beneficios obtenidos".

Dar "gracias" es sinónimo de reconocer que "algo" o "alguien" nos ha hecho un favor, nos ha proporcionado un beneficio. ¿Qué mayor beneficio que la vida misma? Y ¿qué mayor beneficio que la posibilidad de gozar todas las cosas que vivimos, que poseemos, que sentimos?

¿Y nuestra relación con el medio ambiente? ¿Agradecemos y hacemos algo por cuidar nuestro entorno? Vamos por la vida pensando que lo único importante son las cosas materiales. Pero es igual de importante el medio que nos rodea. ¿Cómo podemos contribuir a tener un mundo mejor? El planeta Tierra es nuestra casa, de nosotros depende la calidad de vida que procuremos y la que dejemos a nuestros descendientes. Permite que los niños vean en ti un ejemplo de agradecimiento, amor y cuidado hacia el medio en el que vivimos. "A cada acción corresponde una reacción". Todo lo que tú hagas por tu casa, por tu planeta, te será recompensado con creces.

Vivir en conciencia implica vivir agradecido. Cada paso en nuestro crecimiento espiritual nos abre nuevas puertas. El agradecimiento propicia que el encuentro con nuevas personas y nuevas situaciones se dé en una atmósfera positiva. Porque la palabra "gracias" fortalece a quien la emite siempre y cuando la exprese con sinceridad.

Estamos poniendo en marcha el secreto de la ley de atracción. En vez de enfocarnos en lo que carecemos, nos enfocamos en lo que tenemos. Agradecemos lo que poseemos, lo que somos capaces de ver, sentir, tocar, escuchar, en el aquí y en el ahora. El sentimiento de la gratitud acelera la ley de atracción. Diversos estudios demuestran que la gratitud cura enfermedades. Porque cuando somos agradecidos soltamos el rencor, la ira, los sentimientos que nos dañan y carcomen causando enfermedades.

¿Te encuentras en medio de un embotellamiento? Escucha música, en tu cd, tu ipod o la radio, observa el panorama que te rodea: los edificios, los comercios, las personas que caminan por la calle, las casas, los árboles, las nubes, aprovecha el tiempo analizando tus planes, tus deseos, tus decretos, entra a tu interior, reconcíliate contigo y con el momento. Agradece.

¿En una antesala tienes que esperar más tiempo del que suponías? Observa a tu alrededor, sonríe a quienes compartirán contigo esa espera, habla con ellos si es posible —quizá de ese encuentro surja un buen consejo, una recomendación de lectura, de obra de teatro, una buena receta, en pocas palabras, quizá surja una relación benéfica tanto para ti como para ellos—, o aprovecha ese tiempo para ahondar en tus decretos, en tus visualizaciones, imaginando qué harás en esa nueva realidad que tanto deseas. Y agradece. Siempre agradece.

Graba en tu mente esta frase:

La gratitud es la memoria del corazón.

Reconozco y doy gracias
por todo lo que tengo,
todo lo que soy.
Hago de ello un hábito.

15

MANTENIENDO LA FRECUENCIA

Es más fácil aceptar nuestros defectos que nuestros logros. Generalmente, después de conseguir algo que habíamos buscado, comenzamos un nuevo camino hacia otros objetivos, olvidando el proceso que nos llevó al éxito anterior. Muchas veces, ni siquiera saboreamos el haber sido capaces de llegar hasta donde hoy nos encontramos.

Con esta actitud, la energía que nuestro organismo y nuestra mente utilizan siempre es la misma: es una energía de búsqueda, una energía que siente que debe lograr algo, es decir, una energía de carencia y escasez.

Sin dar tiempo a procesar los pasos avanzados, por pequeños que éstos sean, añoramos dar otros más grandes o localizados en caminos diferentes. Ni siquiera nos damos el tiempo necesario para gozar el éxito y agradecer las bendiciones obtenidas.

Uno de mis alumnos se inscribió por segunda vez a uno de mis cursos:

—Terry, no sé qué pasa pero mis decretos no se dan.

—¿Recuerdas qué fue lo que pediste durante el curso?

—Mmm… creo que… ah sí, pedí cambiar de trabajo. Y ganar más dinero.

—¿Y? ¿Cambiaste de trabajo?

—Sí. No inmediatamente, pero cambié de trabajo.

—¿Y ganas más dinero?

—Sí, claro.

—¿Cómo fue que cambiaste de trabajo?

—Había pasado bastante tiempo de que tomé tu curso.

—¿Cuánto tiempo?

—Pues… como dos o tres meses. Por casualidad, un día me encontré a un viejo compañero de escuela, después de platicar un rato me invitó a ser socio de una empresa que estaba iniciando.

—Era impresionante. Como su decreto no se había dado en el tiempo en que él lo había pedido, resolvió que a él no le funcionaba la ley de atracción.

—¿Y crees que te encontraste a ese viejo compañero por "casualidad"?

—Bueno… ahora que lo pienso… no, ¿verdad? Las casualidades no existen.

Por supuesto, ese joven debía tomar el curso de nuevo, releer todo lo que ya había leído sobre la ley de atracción y comenzar desde cero.

Pero lo que le sucedió a él es algo que ocurre con más frecuencia de lo que podríamos imaginar. Mi alumno hizo un decreto, trabajó en él durante unas semanas y al no ver resultados inmediatos se decepcionó y dejó su afirmación en el olvido. Su frecuencia vibracional bajó estrepitosamente sin que él siquiera se diera cuenta. Y aun cuando logró su deseo, supuso que la vida era así, hecha de casualidades, y que él estaba negado a pedir porque, simplemente, no sabía cómo hacerlo. En resumen, había olvidado el curso por completo.

Como hemos dicho con anterioridad, la ley de atracción funciona siempre y en todo momento en tu vida: atraes lo que piensas, hablas, sientes y proyectas al exterior. El secreto de atraer a tu vida abundancia requiere de un aprendizaje, una preparación que implica cambios en tus pensamientos, tus palabras, tus sentimientos y tu actitud frente a la vida y frente a los demás. Requiere de la capacidad de enfocarte en tus propósitos con disciplina y esmero.

Enfocarse significa dirigir tus pensamientos y tus acciones hacia los propósitos que hayas elegido. Se trata de una habilidad que no requiere ningún gran esfuerzo pero sí mucha práctica. Conforme desarrollas tus poderes de enfoque notarás que la claridad en tu mente y tus poderes de comprensión y entendimiento aumentan considerablemente.

Si nunca hemos entrenado nuestra mente, en un principio, cuando iniciamos esta práctica, al intentar enfocarnos de seguro encontraremos un caos en el que un pensamiento sigue a otro y a otro más, como si se tratara de un torbellino, con muy poca o nula capacidad de atención.

Desarrollar tu enfoque equivale a desarrollar y fortalecer un músculo. El primer día que vas al gimnasio, luego de dejar el ejercicio por un tiempo, terminas adolorido porque tu sesión fue difícil, desagradable. Pero si continúas con la rutina, pronto la encontrarás reconfortante y tan necesaria que no te perdonarás faltar de nuevo. Lo mismo sucede con enfocarte. Aquello en lo que te enfocas, crece.

Por supuesto que la ley de atracción puede funcionar una, dos, cinco, siete, cien, mil o millones de veces. Depende de ti que la ejerzas o que la abandones y regreses a tus viejos patrones, a tus antiguas creencias limitantes y a tu zona de confort.

Algunas personas me han comentado que sus primeros decretos se lograron exitosamente pero que no ha sucedido lo mismo con los siguientes. Quienes practicamos los secretos para atraer a nuestra vida abundancia, consideramos que el camino del aprendizaje es permanente. Cada día que pasa aprendemos más sobre los secretos de la ley de atracción. Y nos mantenemos lo más alto posible en nuestra frecuencia o energía vibracional.

Si tú ejercitas diariamente el poder de la ley de atracción, realizando todos los ejercicios que están incluidos en este libro, tendrás tu energía vibracional cada vez más alta. Cuando sientas que ésta ha bajado, tu yo observante —ya entrenado— se encargará de darte aviso.

Un gran secreto es recordar todo lo bueno que hemos logrado atraer hasta el día de hoy sabiendo que no existen las casualidades y haciendo de la confianza un hábito. Te sugiero que hagas un diario en el que escribas diariamente tus logros, por mínimos o poco importantes que te parezcan. Recuerda que, por pequeños que sean, todos nuestros logros tienen un gran valor. En mi experiencia, cada mes leo el diario de mis logros. Esto me fortalece y me motiva a seguir adelante.

Una vez que tienes claro que todo lleva un proceso, siembras la semilla —que son tus decretos— y esperas la cosecha.

En los momentos en que pierdas la frecuencia, regresa al principio, sin desesperación. A esto le llamo maestría porque se requiere de una gran paciencia hasta lograr el objetivo final. Muchas veces nuestro decreto no llega tal y como lo pedimos. Es cierto que los decretos deben hacerse con fechas, lugares y detalles precisos. Es necesario hacerlo así para que nuestra mente tenga un orden y una claridad que evitará la dispersión de nuestros propósitos.

Pero aprenderás a reconocer las señales, los avisos de la abundancia. La vida te pondrá a prueba una y otra vez, colocándote en situaciones similares a las que quieres superar, trátese de trabajo, relaciones personales, dinero o cualquier otra. Si tienes la capacidad de conservar la calma y sabes elegir con conciencia, entonces entenderás que eres tú quien debe elegir y simplemente dirás: "Tengo mi varita mágica, esto lo dejo pasar porque sé que algo mejor llegará a mi vida, agradezco la lección".

Uno de mis grandes maestros me enseñó la diferencia entre los patrones de alta y baja energía. El fracaso, el sufrimiento y eventualmente las enfermedades, surgen de la energía baja. El éxito, la salud y la felicidad, surgen de la energía alta. El secreto consiste en mantener el poder en lugar de mantener la fuerza.

Fuerza significa imposición. Para mantener la fuerza es necesario luchar constantemente. El poder, en cambio, atrae hacia su campo de energía todo lo que lo rodea.

El poder tiene la seguridad de ser y estar, su fuente es inagotable, su presencia brinda paz, confianza, esperanza. La fuerza tiene un apetito insaciable, consume demasiada energía, se alimenta de enemistades y desconfianza. El poder te da vida y energía, la fuerza te las quita.

Esto significa que debes elegir el poder sobre la fuerza, el poder por encima de la confrontación.

Es mediante el poder y la alta frecuencia vibracional que enfocarás tus pensamientos y tus acciones hacia cualquier meta que te hayas propuesto.

Vibro en la más alta frecuencia.
Mantengo siempre este ritmo.
Convierto el poder en un hábito
y atraigo a mi vida lo que deseo.

16

MEDITACIÓN

La meditación me hace estar en el aquí y en el ahora

La meditación nos ayuda a pacificar la mente. Los maestros aseguran que a través de este ejercicio, si se practica diariamente, es posible alcanzar el equilibrio emocional y la paz interna. La tradición zen afirma que meditar "...es tocar el corazón del ser humano... es la condición natural de la conciencia".

Concentración, introspección, control mental, silencio interior, disciplina. Todo ello define al acto de meditar. Durante la meditación, la mente se libera de sus propios pensamientos.

Formas de meditación existen por cientos: a través de una posición determinada, por medio de un *mantra* o una palabra repetida por un tiempo establecido, mediante un pensamiento o reflexión, o en un lugar específico que puede ir de un cuarto silencioso a un paisaje natural. El objetivo de la meditación es llegar al punto en el que tu mente esté libre de ideas, preocupaciones, asuntos pendientes, recuerdos gratos o desagradables, fantasías, imágenes.

Yo suelo imaginar una flor, puede ser una margarita, un clavel o una rosa. En mi mente comienzo a deshojarla. Visualizo sus pétalos cayendo en un estanque de agua cristalina, me enfoco en cada uno de ellos y en el movimiento que hace el agua al recibirlos. Es muy común que mientras hago este ejercicio lleguen a mi mente pensamientos externos que me obligan a perder la concentración. Pero una vez que he logrado estar inmersa en la imagen de la flor, su color, su olor, el movimiento y la transparencia del agua, es imposible que estos pensamientos vuelvan a mi mente.

Es recomendable elegir un lugar en casa donde reine la paz y la tranquilidad, o un rincón de la oficina en el que nadie pueda perturbarnos. Podemos estar sentados sobre el suelo, sobre unos cojines, en flor de loto, con las manos sobre las rodillas o juntas a la altura de la frente, recargados en la pared, en una silla, sobre la cama. Tú mismo encontrarás la posición más cómoda a través de la cual te sea posible respirar pausada y rítmicamente.

El gran secreto es en verdad sencillo: estar en el *aquí* y el *ahora*.

Hay personas que meditan cinco o diez minutos, algunas hasta media hora. Te sugiero fluir y permitir que el tiempo para ti sea el que tu cuerpo y tu mente requieran.

Como todos los otros secretos, para que te dé resultado debes convertirlo en un hábito.

Durante las primeras ocasiones, un sinnúmero de recuerdos, preocupaciones e imágenes intentarán sacarnos de esta introspección. Con calma pero con firmeza, haremos a un lado cualquier idea que no tenga relación con nuestra meditación. Todos los pensamientos, sean importantes, irrelevantes, fantasiosos o absurdos, pasarán sin detenerse y sin distraer nuestra atención del punto central que conforma nuestra meditación.

Al practicar la meditación comenzarán a ocurrir innumerables cambios en tu vida. Primero, sentirás que solamente con meditar durante unos minutos, tu cuerpo experimentará un descanso equivalente a muchas horas de sueño. Luego notarás una mejora en tu memoria y una capacidad de reflexión mayor a la que tenías antes de ejercitarla. También observarás que tus respuestas se han vuelto más pensadas, es decir, que eres capaz de pensar dos veces antes de responder. Pero más adelante, muy poco tiempo después, te darás cuenta de que la meditación es mucho más que todos esos beneficios.

Puede ser que nos cataloguemos a nosotros mismos como distraídos, indisciplinados, olvidadizos, confundidos, indecisos. Durante la meditación nos percataremos de cuál es el grado de distracción, indecisión, confusión o indisciplina de nuestra mente. Pero al regresar al momento en que nos encontramos, este ejercicio nos devolverá la paciencia, la tranquilidad y la paz que buscamos. Y comprenderemos a profundidad lo que significa el *aquí* y el *ahora*, sabiendo que es posible ser libres de todas las ataduras que nos mantienen bajo una presión constante. Porque la libertad consiste en ubicar cada uno de nuestros pensamientos, problemas, preocupaciones, en el lugar que les corresponde y poderlos afrontar sin miedo y sin prejuicios, haciendo a un lado el humo y la neblina que los causan.

La meditación es una práctica para todos, sin excepción. Podemos ejercitarla varias veces al día, en cualquier lugar y bajo cualquier circunstancia.

Medito diariamente y en todo momento.
Mi mente está abierta
y se encuentra en paz.

17

Viajando ligero de equipaje

Vida, nada me debes, vida, estamos en paz

Amado Nervo

Cuentan los maestros sufis que en una ocasión dos monjes tibetanos cruzaban el bosque para llegar a una ciudad. Durante el trayecto, que duraría tres días, pasaron por un río. Ahí encontraron a una mujer que estaba ahogándose. De inmediato, uno de los monjes, el más joven, la ayudó a salir, tomándola en sus brazos y cargándola en sus hombros. Al cruzar, la dejó en las orillas del río. Los monjes siguieron su travesía. Después de unas horas, el más viejo dijo a su compañero:

—¿Sabes que has cometido una herejía? Tus votos de castidad no te permiten tocar a una mujer, ¡y tú cargaste a una!

—Maestro —respondió el joven— a esa mujer yo la solté hace ocho horas. El problema con usted es que la sigue cargando.

La moraleja de esta historia nos obliga a preguntarnos: ¿qué tanto peso llevamos cargando en nuestras espaldas?, ¿cuántas personas, cuántas preocupaciones y asuntos sin resolver representan una carga pesada? En pocas palabras: ¿cuánto pesa nuestro equipaje?

Hace unos años, en una tienda de Roma, Italia, encontré un dije en forma de mochila que decía: "Mientras menos penas cargues en el corazón, más ligero será tu viaje".

Imagina que estás cargando una mochila y que cada problema es una piedra que va llenándola y haciéndola cada vez más pesada. La mayoría de las personas vive de esta manera sin darse cuenta de cuánto las afecta emocional y físicamente. Si observas a tu alrededor, constatarás que los seres humanos tendemos a encorvarnos, atribuyendo el cambio de nuestra fisonomía a la ley de gravedad o al paso de los años. ¿Creencia limitante?... ¡Sí!

El secreto es muy fácil: Comienza a visualizar que vas por el sendero tirando cada una de las piedras que te hacen más pesado el equipaje. Y para darle celeridad a este proceso, te sugiero lo hagas cada noche.

Las piedras representan apegos, preocupaciones, sufrimientos. Viajar ligero es algo extraordinario, es una de las sensaciones más emocionantes que puedas experimentar. Desde hoy, cada vez que sientas que tu mochila pesa, visualizarás cómo metes tu mano a ella, tomas el problema y lo sueltas. En tu interior está la respuesta, sólo tú sabes qué y con quién cargas. Viajar ligero te permite dar brincos cuánticos y ascender sin ataduras.

Cuando soltamos quitamos un enorme peso de nuestros hombros al mismo tiempo que abrimos la puerta para que el amor entre a nuestro corazón y a nuestra alma.

Comienza hoy a soltar, a recapitular y desechar toda esa basura que tanto ruido provoca y tanto daño hace.

Extiende tus alas para volar. Nada ni nadie te lo impedirán.

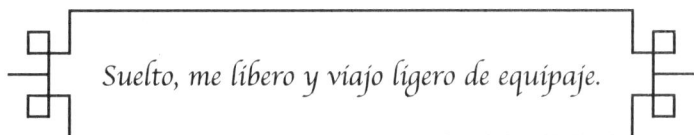

Suelto, me libero y viajo ligero de equipaje.

18

CREANDO MAGIA

La mente, así como todos los metales y demás elementos, puede ser transmutada de estado en estado, de grado en grado, de condición en condición, de polo a polo, de vibración en vibración.

La verdadera transmutación hermética es una práctica, un método, un arte mental.

El Kybalión

Atrévete a crear magia y a transformar tu vida. Has aprendido los secretos de la ley de atracción. Tienes claro que tú creas tu realidad, que las situaciones adversas son lecciones necesarias para crecer en conciencia y que de ti depende atraer abundancia a tu vida. Estás listo para crear magia y hacer que tu historia sea creativa, productiva y feliz.

Todo lo que hagas a partir de hoy, reflejará una conciencia de tu divinidad. Tú eres la magnificencia personificada, un genio y un maestro creativo. Dedícate a estimular y expresar tu naturaleza, abre tus alas y atrévete a volar.

Esta vida es una aventura que comienza en tu mente. Aliméntala de mensajes y pensamientos positivos que se manifestarán en lo que deseas.

En este libro he narrado lo que he aprendido y lo que he logrado. Atendí al llamado de mi corazón y mi espíritu para seguir el camino de mi misión. Te he invitado a que observes tu vida, con todos los éxitos y las dificultades, a que descubras tus objetivos escuchando tu voz interior. Lo único que necesitas es realinear tus pensamientos, tus palabras y tus actitudes, vibrar en una alta frecuencia, agradecer lo que te sucede y convertir todo ello en un hábito, para atraer la abundancia que el Universo te ofrece. A tu vida llegará lo que mereces y se irá lo que debes soltar. Permite que las semillas de conciencia que tenías escondidas, crezcan y se multipliquen.

Siéntete libre de vivir sin límites y sin carencias, persigue las señales que encuentras a cada momento, elige la vida que quieres vivir. Vive en amor, en tu propio amor, crea tu paz interna. El secreto radica en fluir, en tomar el tiempo para ser feliz sabiendo que tu alto nivel de conciencia logra que cada pieza caiga en su lugar en el momento oportuno. Si tu idea, tu decreto, mantiene una energía vibracional constante, se materializará sin tener que apresurar los acontecimientos. Todo lo que has pedido viene en camino. Mientras tanto, goza intensamente cada instante.

Si la vida te parece compleja, caótica, desenfrenada, difícil, toma unos segundos para respirar y decir: "Estoy en armonía con la sincronización perfecta de la Creación". La magia se produce de inmediato.

Deja atrás el pasado, quejarte de tus desdichas sólo hace que gastes energía. Y requieres conservar esta energía para construir tus sueños.

Así que... ¡a pedir! Tu responsabilidad es hacerlo con

conciencia y trabajar en tus decretos, soltar y permitir que el Universo te dé la abundancia que mereces. Decídete a jugar "el bello juego de la vida".

Lo que va… viene. Como es arriba… es abajo.

19

PREGUNTAS AL LECTOR

- ¿Te escuchas?
- ¿Confías en tu voz interior?
- ¿Por qué el afán de rechazar a la intuición?
- ¿Qué tan frecuentemente aparece una voz que dice *te lo dije*?
- Si desear es posible, ¿qué pedirías?, ¿sabrías pedir?
- ¿Qué te detiene a pedir? ¿La culpa, el miedo o la certidumbre de que lo que pides se te dé?
- ¿Tienes claro qué quieres de la vida, cómo, cuándo y dónde?
- ¿Eres un recipiente con agua o permites que fluya?
- ¿Eres agua de lago o agua de río que fluye sin miedo?
- Al fuego, ¿le soplas para apagarlo o para activarlo?
- ¿Prefieres el susurro del viento o el molesto vendaval?
- ¿Cuando llueve corres a resguardarte o te mojas gozando las gotas de agua sobre tu piel?
- ¿Crees que naciste con estrella o estrellado?
- ¿Crees que la buena suerte es sólo para los afortunados?
- ¿Necesitas del ruido para acallar tu alma?
- ¿Cuándo fue la última vez que estuviste solo por un día?
- ¿Has permanecido en silencio al menos 15 minutos?
- ¿Sabes gozar de tu propia compañía?

- ¿Te atreverías a cambiar tu vida?
- ¿Qué valoras: el costo, el beneficio o la deuda?
- ¿Te atreves a abrazar un distinto amanecer en tu vida?
- Tus palabras y tus pensamientos se materializan, ¿cuál es tu grado de conciencia para responsabilizarte de ello?
- ¿Sientes que estás en deuda con la vida o con alguien?
- A ti, ¿cuánto te debes?
- ¿Por qué eres el último acreedor de tu vida?
- ¿Cuándo y cuánto pedirías para ti?
- Si alguien te pusiera un valor, ¿cuál crees que sería?
- ¿Practicas el diálogo en tu monólogo interno?
- ¿Aguantas tu mirada frente a un espejo? ¿Por cuánto tiempo?
- ¿A quién pertenece tu vida?, ¿hasta cuándo?
- ¿Qué siembras y cuánto esperas cosechar?
- ¿Eres la luz que ilumina o el cable que lleva la corriente eléctrica?
- ¿Te atreverías a ser como una mariposa que transita por la metamorfosis hasta poder volar?
- ¿Crees que la magia es sólo para algunos?
- ¿Piensas que los secretos de la conciencia son para aquellos que pertenecen a una secta?
- ¿Asumes la realidad de la parapsicología?
- ¿Eres capaz de entender que hay algo más que tu cuerpo físico?
- ¿Para ti la metafísica es "chamanería"?
- ¿Eres piloto o copiloto?
- Si eres copiloto, ¿sabes a dónde te llevan?
- En una pausa o disyuntiva de la vida, ¿optas por tomar el camino más fácil y transitado o prefieres abrir brecha?

- ¿Eres espectador, huésped o anfitrión de tu vida?
- ¿Te consideras un ser construido, inamovible o eres el constructor permanente de la inacabada obra de tu vida?
- El tesoro se encuentra escondido, lleno de retos, dentro de ti, ¿estás listo para rescatarlo y hacerlo tuyo?
- ¿Qué agradeces?, ¿a quién?, ¿con qué frecuencia?
- ¿Has encontrado tu sitio en el Universo o eres un cometa sin rumbo?
- ¿Comprendes tu participación en este maravilloso concierto cósmico?
- ¿Consideras que todos somos UNO?
- ¿Cada cuándo dejas tu ego a un lado para actuar en conciencia y sólo con una intención de amor?
- ¿Cuidas de tu entorno, del medio ambiente, o abusas de él pensando que está para servirte?
- El poder es una actitud, ¿logras manejarlo y dirigirlo?, ¿hacia dónde?
- ¿Eres títere o titiritero?
- ¿En qué etapa de tu vida te encuentras: amanece, es medio día, media tarde, anochece o son casi las doce?
- En tu vida: ¿luz roja o verde para dar paso a la ley de atracción?, ¿o quizá un amarillo constante?
- ¿Por qué comenzar mañana a cambiar?
- ¿A qué o a quién continúas apegado?
- ¿Eres coleccionista de recuerdos, fotografías y objetos que te mantienen en el pasado?
- Un momento feliz, un bello atardecer. ¿En qué piensas?, ¿en lo que ya se fue, el tiempo perdido, la incertidumbre del mañana o en gozar la magia del momento?

- La vida, una carcajada. ¿Serías capaz de reírte de tus errores para agradecer lo que éstos te han enseñado?
- Fortaleza o debilidad, ¿en cuál te enfocas?
- ¿Sigues jugando alguno de estos papeles: víctima, chantajista, saboteador?
- ¿Recriminas a otros por tu malestar?
- ¿Eres creador y responsable de tu propia historia o pasas el tiempo observando y criticando la de los demás?
- ¿Crees que sólo algunos merecen ser felices?
- En una conversación, ¿sólo tú hablas o sabes escuchar y aprender de otros?
- ¿Crees que compartir lo que tienes te hará más pobre o, por el contrario, se multiplicarán tus bienes?
- ¿Eres generoso o avaro?
- En un día, ¿cuántas veces ríes y sonríes?
- ¿Remas tu propio barco y permites que los demás remen el suyo?
- ¿Piensas que todo está predestinado o que, por el contrario, se hace camino al andar?

Índice

El secreto detrás de los secretos, de Terry Guindi Lopata
se terminó de imprimir en Mayo de 2008 en
Quebecor World, S.A. de C.V.
Fracc. Agro Industrial La Cruz
El Marqués, Querétaro
México